學校沒教，但一定要懂的地緣政治課

從地球儀開始的國際大局觀

13歳からの地政学
カイゾクとの地球儀航海

Tanaka Takayuki
田中孝幸
陳聖傑——譯

目錄

第1天

"Everything passes through the sea"

貨物和情報都要透過海洋傳遞

第2天

"Nuclear missiles under the sea"

潛藏於日本周圍的海底核彈

大國的困境

第3天

"Predicament of continental powers"

第4天

國家如何生存，又為何滅亡？

"Dismemberment of states"

絕對無法變有錢的國家

第5天

"International structure of poverty"

第6天

命運取決於地形

"Fortunes determine by geography"

第7天

"Blind side of globe"

從宇宙看地球儀

尾聲

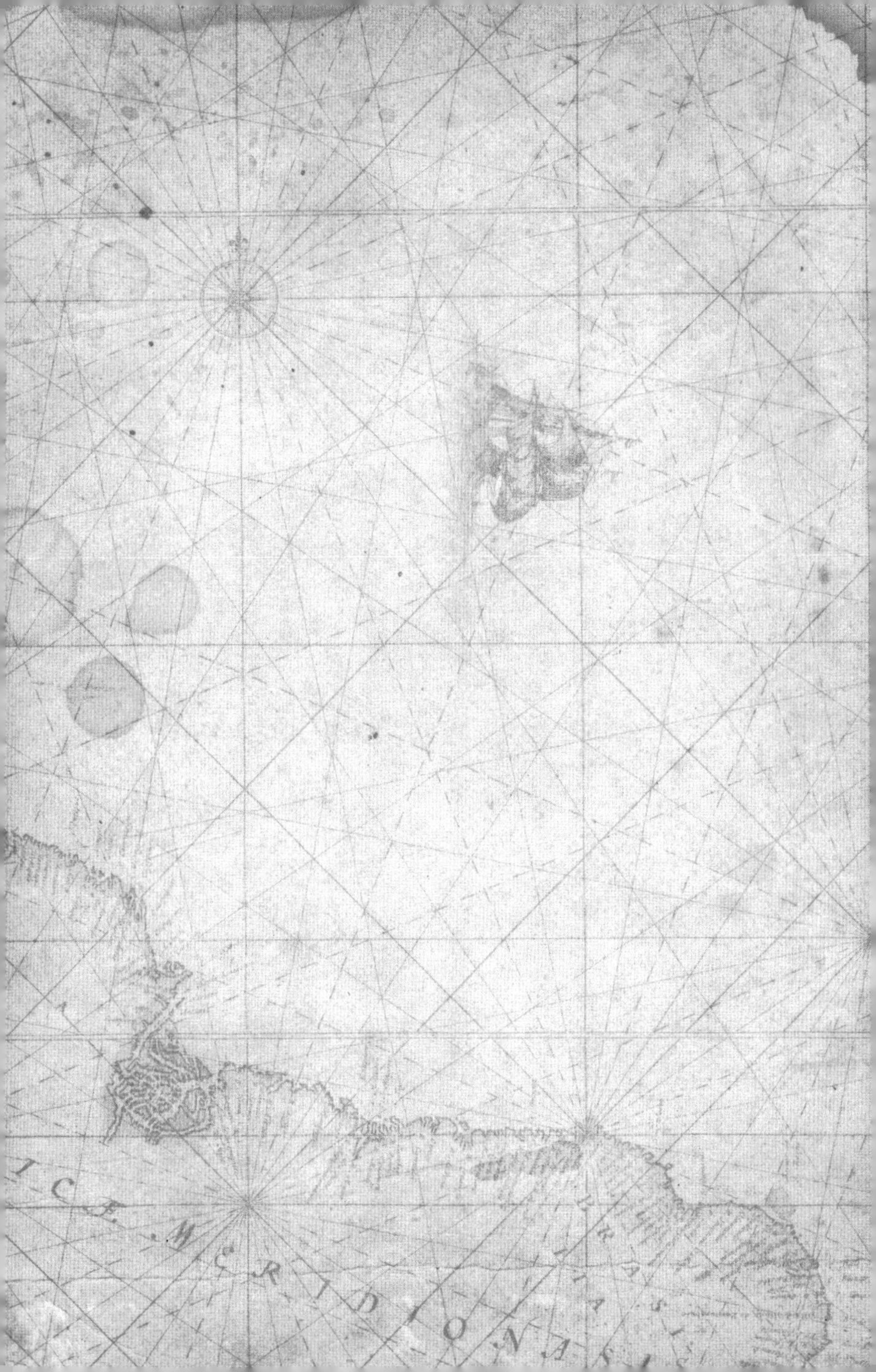
ICÆ MERIDIONA
BRASIL

繁體中文版獨家作者序

當前，日本正掀起一股空前的「地緣政治學熱潮」，幾乎所有書店都設有地緣政治專區，出版社也相繼出版許多相關書籍。「地緣政治」這個原本只有一部分學者和國安相關人員才會接觸的專業術語，如今已經普及至無人不曉的程度了。

我認為，這是因為現今的國際環境變得比從前更加嚴峻的緣故。也有越來越多日本人認為，俄羅斯入侵烏克蘭一事將來也有可能發生在自己身上。

這讓我想起自己在巴爾幹半島一個小國裡發生的波士尼亞與赫塞哥維納內戰中，遇見一位二十七歲的年輕人。第一次世界大戰的導火線波士尼亞，集結了世界歷史上所有國際政治、經濟、民族、宗教等問題，宛如歷史的展示櫃。冷戰結束後的一九九二年至一九九五年，慘烈的內戰持續了三年半，期間內有二十萬人傷亡、兩百萬難民流離失所。

戰爭結束不到一年的盛夏，在波士尼亞的首都塞拉耶佛，我問這位年輕人：「我能為你做些什麼？」這位年輕人看著我的眼睛說道：「朋友啊！我希望你能好好調查這裡所發生的事情，並引以為鑑。日本人和波士尼亞人同為人類，日本在不久的將來或許也會發生同樣愚蠢的事情，請不要認為這一切都是空談，要從我們的經驗中記取教訓，以防範未來可能發生的戰爭。如此一來，那些在戰爭中逝去的許多生命就不會白白犧牲。」

撰寫本書的原點，就是一個月後離開人世的他所說的話。為什麼一個國家要侵略他國？為什麼某些國家總是遭受苦難？為什麼一直以來相安無事的人們，有一天會互相殘殺？為什麼有的國家即使擁有天然資源，卻還是貧苦不堪？為什麼日本幾乎不曾受到侵略？為什麼現代社會還存在著國王？國際秩序是透過什麼機制來維持和運行？擁有核武器究竟意味著什麼？這位朋友交給我的課題，讓我想起了這些根本的問題，而本書就是在尋找答案的漫長過程中誕生的。

在過程中我意識到一件事，那就是，思考地緣政治是十分有趣的事。想像、實際感受和理解與自己所在地不同的世界，並透過了解彼此的差異來確認自己的立足點，老實說，我認為沒有比思考這些更有趣、更實用的事了。

在這番思索後，我出乎意料地發現其實自己對世界的了解並不充分。例如，日本和台灣的距離最短也不過一百公里，迄今為止有無數的人們交流往來，即便如此，雙方對彼此仍有許多不了解的地方。這就類似自己與父母和兄弟姐妹彼此其實也有很多不了解之處。

不過，有許多不知道的事並不一定是負面的，因為這也意味著今後仍有許多了解新事物的樂趣，也許唯有在面對未知的世界時，人們才會全力以赴地啟程航向未知的海洋。

在今日的世界，各國之間的互相認識以及對全球社會結構的了解，都變得比以往更加重要。身為本書的作者，我很高興能帶領台灣的大家一同參與這段「與海賊先生同行的地球儀航行」。

二〇二二年 夏

田中孝幸

登場人物介紹

大樹

日本某縣內明星高中一年級生，
擅長讀書，
成績名列前茅。

小杏

大樹的妹妹，
公立國中一年級生。
比起讀書，對流行和偶像更有興趣。

海賊先生

被孩子們稱為「海賊先生」，
年齡不詳的男人。
似乎是古董商店的店主……

序章

與海賊先生的相遇

Encounter with "Kaizoku"

時序正值炎熱的七月，大樹走在從車站回家的路上。今天是學期的最後一天，明天開始就是暑假了。

大樹是縣內排名第一的公立高中一年級生，這天他收到高中的第一份成績單，各科的成績幾乎都是最高分，讓他鬆了一口氣。

不過，他並不怎麼高興，而這一點連他自己都覺得不可思議。大樹從前就很擅長讀書，也不覺得學習是件痛苦的事，但有時候卻會突然思考，不知道自己每天面對這麼多教科書與參考書是為了什麼。話雖如此，卻也沒出現讓他寧可放棄學業也非做不可的事情。

大樹在商店街拱廊的入口停下腳步，輕嘆了一口氣。這時，一個閃閃發光的東西映入他的眼簾。他瞇著眼朝光亮處走去，看到一間小古董店。

「是地球儀？」

櫥窗裡展示著和西瓜差不多大小，由古典風格的暗褐色支架支撐的地球儀，地球外圍環繞著一圈刻有精細緯度的金色圓環，在陽光的照射下閃閃發光。

地球儀看起來很有年代感，似乎有一些淡黃的裂縫，支架上也有輕微的傷痕，地球上的國界似乎與現在大不相同。

「哥哥，你在做什麼？」

大樹回頭一看，妹妹小杏一臉不可思議地站在一旁。

小杏穿著水手服，長髮綁成兩把低馬尾，似乎也和大樹一樣剛放學。她是附近國中的一年級生。

「我覺得這個地球儀很特別。」

「真的耶！有一點年代感又很時髦。咦，這裡不是海賊先生的店嗎？」

「海賊先生？」

「你沒看過這間店的店長大叔嗎？他看起來很像海賊，感覺很可怕，有時還會跟穿著西裝的外國人用聽不懂的語言聊天，看起來很可疑，住在附近的小孩都知道。哥哥整天只會念書，難怪什麼都沒聽過。」

「小杏，你今年開始就是國中生了，還是多讀一點書吧！不要每天只想著打扮、追星，完全不念書。」

「叮鈴！」

兩人被門鈴的聲音嚇了一跳，朝店門口望去，只見一個身高看起來超過一百九十公分的魁梧男子站在那裡。

一看到男子，大樹立刻明白為什麼附近的孩子們都叫他海賊先生了。

因為，他的左眼戴著黑色的皮製眼罩。他的銀灰色頭髮梳成油頭，臉上留滿和髮色相同的銀色鬍子。從額頭上深深的皺紋看來他應該有一定的年紀，但是白襯衫下肌肉發達的手臂和倒三角形的體格，又讓他看起來格外年輕。

「你們在看地球儀嗎？」

海賊先生用銳利的眼神注視兩人。

「不是，那個……對，我們在說這個地球儀很漂亮。」

大樹被海賊先生的氣勢震懾，小聲地回答。

「外面很熱，你們進來慢慢看吧！我去倒茶。」說完，海賊先生又回到店裡。

「不好意思，打擾了。」小杏說。

「等一下！你不是說這個人很可疑嗎？」大樹急忙問道。

「呵呵！這樣一來就能跟朋友炫耀自己潛入過海賊先生的店裡，而且我也想看看那個地球儀啊！」

大樹跟在小杏身後，戰戰兢兢地走進店內。

冷氣十分涼爽，店裡擺滿年代久遠的桌椅、櫥櫃等家具。從門口向內看，左邊有一張大桌子和一把扶手椅，後方似乎是辦公室。

大桌子看起來像是精緻的古董，桌上卻雜亂地堆放著厚重的書籍和文件，還有一些不知道有什麼用途的舊機器，以及一個在學校也經常見到的銀色單軸地球儀。

「喀嚓！」

大樹回頭望向發出聲音的方向，只見小杏走近櫥窗裡的地球儀，正在用手機拍照。

「喂，不要亂摸！那一定很貴。」

「我知道啦！你看這裡。」

小杏指著地球儀的支架上寫著「時價」的標籤。

「不知道地球儀為什麼會有時價。雖然我不太清楚古董的行情，但是應該很貴吧？」大樹說。

「哥哥，你想要買那個地球儀嗎？」

大樹稍微彎下腰，目不轉睛地盯著地球儀。

「不知道為什麼，我覺得很心動。」

「哥哥竟然有想買的東西，還真是稀奇！」

「是啊！雖然是第一次看到這個地球儀，而且它的外觀看起來好像跟其他的地球儀沒什麼不同，但仔細看似乎又完全不一樣，真有趣。而且用地球儀看到的世界，和地圖上的世界完全不一樣。」

「沒錯。」

海賊先生說，一邊將附有把手的托盤放在桌上。托盤上放著熱氣騰騰的茶壺以及三個精緻的茶杯。

「真有眼光！這是『Diplomat』地球儀，與美國白宮歷屆總統使用的是相同款式，既威嚴又漂亮。我一直將它收藏在別的地方，正好剛才才拿出來，偶爾也要讓它重見天日。你想要這個地球儀嗎？」

「嗯，不過我沒有那麼多錢。」

「價格啊？標籤上面不是寫著『時價』嗎？它有時賣一百萬元，有時免費。」

「免費？」小杏的雙眼炯炯發光。

「那什麼時候來才可以免費得到它？」

「嗯……」海賊先生凝視著兩人，思考了一下後望向天花板。

「不如這樣好了，十天，不，七天就好。你們在暑假時過來這裡七次，聽我說說關於世界的故事。如果能在最後一天答對問題，我就把地球儀送給你們。」

「我想試看看！」大樹立刻回答。

七天的課程和最後一天的考試，剛好都是大樹的強項。

相較之下，小杏擺出無奈的手勢。

「那我就沒希望了。我不擅長念書，這種考試我絕對沒辦法通過。」

海賊先生微微一笑。

「那也不一定。我想談的內容不會出現在教科書或電視上。要解開我的問題，只需要好奇心與想像力，僅此而已。」

「可是我們只是小孩子，真的可以收下這麼貴的東西嗎？」

事情進行得太過順利，大樹冷靜一想，稍微警惕起來。

「如你們所見，我只是一個上了年紀的老人，因為活得很久而累積了許多知識，所以想透過與年輕人交談，來確認這些知識是否都經過整理與歸納。而且，與其把這個地球儀放在店裡裝飾，或許讓別人來使用會讓它感到更幸福。」

大樹雖然有點難以接受海賊先生的話，但是心想自己也沒什麼錢，對方大概不是想從他的身上拿走什麼東西，應該沒問題吧？

「上課的內容是什麼？我要預習一下。」

「上課？不用那麼嚴肅，不過隨便你想怎麼稱呼它都可以。不需要預習，我們一起用地球儀思考世界如何運行吧！」

「好！哥哥，我不會輸的！那個地球儀是我的！」

「咦，小杏也要參加嗎？」

「這個地球儀那麼酷又是免費的，不是很划算嗎？而且，我覺得跟海賊先生聊天好像滿有趣的。」

「海賊先生是指我嗎？」

大樹和小杏露出「完了！」的表情。

「那個……不是，海賊只是個綽號，但是不是我取的，那個……」

小杏慌忙地辯解，海賊先生卻突然放聲大笑。

「對像我這樣的老先生來說，這真是個不錯的綽號，我很高興。海賊聽起來不是很酷嗎？」

大樹看到海賊先生燦爛的笑容，鬆了一口氣，心想這個人可能比外表更加溫柔。

就這樣，海賊先生的暑期七天課程拉開了序幕。

序章

與海賊先生的相遇

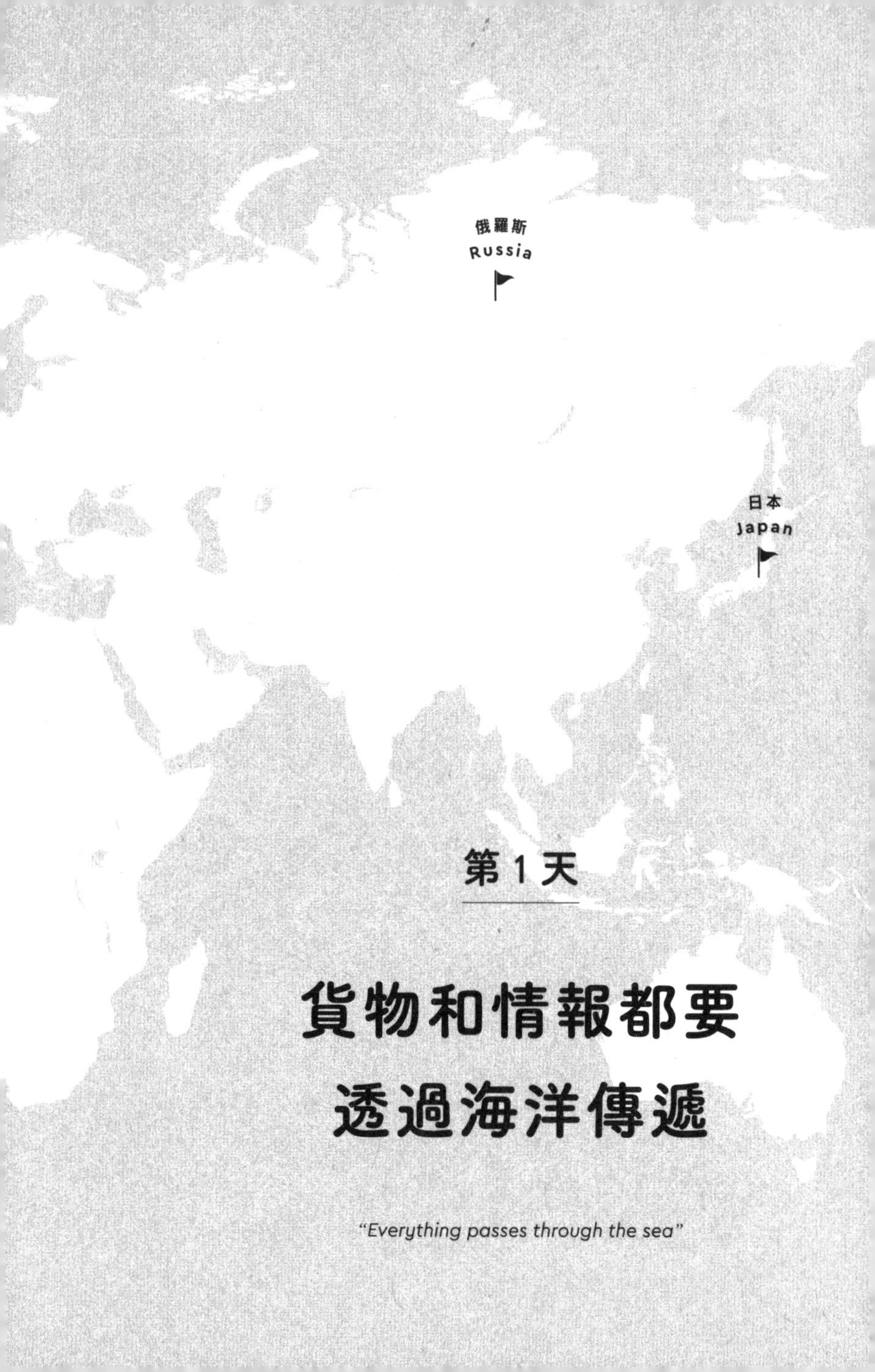

第1天

貨物和情報都要透過海洋傳遞

"Everything passes through the sea"

美國
USA
英國
UK

掌握海洋就能掌握全球的世界強國

上課第一天，大樹、小杏、海賊先生隔著桌子相對而坐。這堂攸關自己是否能得到地球儀的課程即將開始，大樹從手提包裡拿出筆記本和筆，有些緊張地深吸了一口氣。

「請用。」

海賊先生將熱氣騰騰的杯子、茶托和裝有蜂蜜的玻璃瓶遞給兩人。

杯中散發出淡淡的紅茶清香，但是在炎熱天氣中走到店裡的大樹，連碰都不想碰。而一旁的小杏舉起杯子，目不轉睛地看著上面的花樣。

白底的小杯子上描繪著精美的藍色小花。

「好可愛的杯子！」

「這是一九二〇年代的英國古董。」海賊先生邊回答邊把文件和書本挪到桌邊，接著「咚！」地一聲將單軸地球儀放在桌子正中央。

與櫥窗中的展示品不同，這個地球儀看起來很新，上面標示著各國的國名。

「這是日本近期生產的地球儀。請觀察一下整個地球儀，說說你們的感想。」

「又藍又圓。」小杏很有自信地回答。

對於小杏太過理所當然又有點孩子氣的答案，大樹有些不好意思，海賊先生則溫和地微笑著。

「沒錯，地球儀看起來又圓又藍，也就是說，地球也是又圓又藍。」

大樹在筆記本的最上面寫下：地球又圓又藍。

「仔細一看，地球上幾乎都是海！」小杏轉動著地球儀說道。

「我記得地球上好像有七成是海洋，三成是陸地。」大樹挺直腰桿對海賊先生說道。

「沒錯。你們覺得國與國之間交易商品時，最常使用的運輸工具是船還是飛機呢？」

「你是指貿易的時候嗎？」

「嗯，比如日本製造汽車賣給美國，而美國賣牛肉給日本等等。一個國家與國民富不富裕，取決於能否和其他國家進行買賣，也就是貿易是否興盛。因此，貿易可說是世界上最重要的活動之一。」

「原來貿易這麼重要啊！我覺得大家最常使用的是飛機，感覺比較快。」

「可是，船不是能載很多貨物嗎？日本是島國，我猜大約有六成貿易透過船運，而全世界大概一半都是靠船運吧？」

「**實際上，全世界的貿易有九成以上都是透過海運進行**，也就是說，大部分貨物是透過船舶運輸的。例如日本是一個四面環海的島國，船運的比例非常高，百分之九十九的貿易都要靠船運。」

「百分之九十九！那麼，如果沒辦法靠船運貿易，日本可就麻煩了。」

小杏一說完，海賊先生立刻轉動地球儀，同時說道：

「其實不只是日本，在全世界，超市裡的大部分外國食品幾乎都透過船舶進口。換句話說，如果無法進行船運貿易，世界經濟將會瞬間停止。那麼，你們認為在這個覆蓋著海洋的地球上，誰是最強的國家呢？」

「說到最強的國家，應該就是美國了吧？」

小杏也點點頭同意大樹的回答。

「沒錯。**美國之所以能稱為超級大國，正是因為它掌管著世界各地的船隻往來**。美國每年花費超過兩千億美元（約新台幣六兆元）維持世界上最強大的海軍，並在世界各地海域部署軍艦，甚至連遠在地球另一端的國家也不放過，目前全世界沒有任何國家像美國這樣部署軍艦。」

「咦，地球另一端的國家，跟自己的國家沒什麼關係吧？為什麼美國要花那麼多錢部署軍艦呢？」

「國與國之間發生糾紛時，掌握海洋的一方更容易取得先機以及獲勝的機會。比如美國與某個國家發生糾紛，如果事先控制海洋，就能中止海上貿易。一旦貿易被強制中止，對方就無法進口商品到超市販售，人民連溫飽都出了問題，哪有時間爭論誰對誰錯？」

「也就是說，美國是為了在戰爭中取勝才監視大海嗎？」

「嗯，可以這麼說。而且，身為世界上最強大的國家是一個巨大的優勢。美國之所以這麼做，同時也是為了確保自己的地位。」海賊先生喝了一口紅茶。

為什麼全世界都使用美元

海賊先生打開抽屜，從黑色長夾裡拿出兩張鈔票，擺在桌子上。

「這張是美國的一百美元紙鈔，而另一張是一萬日圓紙鈔。一百美元相當於一萬日圓，也就是說，這兩張紙鈔的價值大致相同。」

海賊先生將雙手放在桌上，問道：

「為什麼一百美元有一百美元的價值，而一萬日圓有一萬日圓的價值呢？」

「好像繞口令喔。這個價值不是大家一起決定的嗎？」

「以日本來說，日本銀行發行貨幣，並且保證貨幣的價值，因此一萬日圓可以購買相當於一萬日圓價值的東西。」

大樹流暢地回答完，海賊先生接著說道：

「沒錯！但無論再怎麼努力保證這張紙鈔的價值，如果沒有人願意接受，它的價值就無法得到認可。」

海賊先生拿起一百美元紙鈔，在兩人面前輕輕晃了晃，說：

「當美國政府宣稱這張紙鈔價值一百美元，因為大家都相信美國政府，它才有這個價值。相反地，如果美國政府衰弱，大家都不再信任美國時，這張紙鈔就會瞬間變成廢紙。」

「咦，怎麼可能會有這種事？」

「不久前，有個國家就發生了這樣的事，就在這裡。」

海賊先生轉動地球儀並指向一點，熟練地像是十分了解地球儀上每個國家的位置。

「南美洲有個名叫委內瑞拉的國家，物價在短短一年內上漲了一萬倍以上。這就像一萬日圓的紙鈔實際上只剩下不到一日圓的價值，即便政府宣稱紙鈔有多高的價值，也沒有人願意相信。由此可知，國家的信用非常重要。」

海賊先生又拿起兩張紙鈔，繼續說道：

「你們覺得美元和日圓，哪個更值得信任呢？」

「我選美元，因為世界上使用美元的國家比使用日圓的更多。」大樹回答。

「我也選美元，因為美國是最強的國家嘛！」小杏說。

「沒錯。**世界貿易中使用的貨幣有八成是美元，因為美國是世界最強的國家**。沒有什麼比軍事實力上壓倒性的優勢更讓人信賴了。在極端的情況下，美國甚至能動用軍事力量，強迫任何不認同一百美元價值的人臣服於槍口下。」

「這麼說，大家都想要得到美元吧？」

「沒錯。世界上所有國家，就連討厭美國的國家和恐怖分子，都想獲取值得信任的美元，因為沒有美元就無法進行貿易。因此，就算美國人從世界各地瘋狂進口商品也不會破產，稍微誇張地說，無論美國人買了多少東西，只要印美元來支付就好。擁有美元，就像是擁有了點石成金的魔法一般。」

大樹皺起眉頭。

「那麼，只要美國繼續增強軍事力量，就會越來越強大，永遠立於不敗之地了。」

「總覺得有點不公平啊！海賊先生，難道日本沒辦法成為像美國那樣的國家嗎？」

「如果日本變得比美國更強，並且受到世界各國的信任，全球貿易使用的貨幣也許會變成日圓也不一定。其實，過去有一段時期，英國的英鎊就像現在的美元一樣受到大家信賴，那時的英國在世界各地海域部署軍艦，將太平洋上所到之處的土地都占為己有。當時英國是世界上最強的國家，而這個茶杯那時還不存在呢。」

「哇！原來英國以前是世界上最強的國家啊！」

小杏在紅茶裡加了一匙蜂蜜，一邊用茶匙攪拌，一邊說道。

「其實，就連那瓶蜂蜜都跟貿易息息相關。這是來自俄羅斯北高加索的洋槐蜂蜜，大概在地球儀上的這個區域。」

海賊先生指著土耳其上方的區域。

「俄羅斯是世界上最大的國家吧？」

「沒錯，俄羅斯的國土很大，在這廣大的國土上，無數蜜蜂一次又一次地停在金黃色的洋槐上採蜜，再由人們採集蜂蜜後，裝進玻璃瓶，用船隻經由波羅的海、北海、地中海、蘇伊士運河、印度洋的漫長路程運送到日本。」

從俄羅斯運往日本的貿易路線

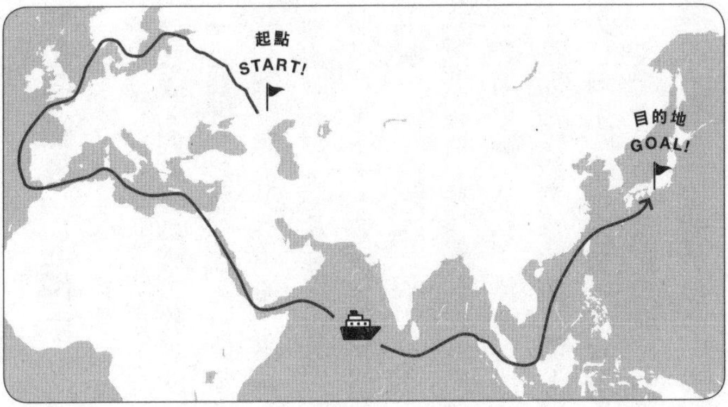

海賊先生邊說邊在地球儀上比劃。

「聽完這個故事，感覺手邊的蜂蜜也變得更美味了！」

「俄羅斯的領土明明就在日本旁邊，從海上運送貨物就得繞遠路了吧？用鐵路將貨物從俄羅斯運到日本看起來還比較快。」

大樹指向地球儀上北海道與俄羅斯之間的區域。

「問得好。為什麼世界貿易大部分都靠船運進行呢？地球上的海洋面積比陸地更多，然而很多人卻自然地認為，既然世界上有那麼多陸地，那麼比起船運，用鐵路、貨車等陸上交通工具來運輸貨物，應該更便宜也更安全。」

用船舶運輸貨物的理由

「假設你們是貿易公司的老闆，在運輸貨物時應該留意什麼呢？」

「是錢嗎？應該要盡可能降低運送成本來賺取利潤嗎？」

「利潤當然也十分重要。不過，最重要的其實是如期將貨物送達對方手中的誠信。如果店裡沒有商品，就無法滿足前來光顧的客人。如期將貨物送到客戶手上是理所當然的事，但是在陸路上，要做到這點卻有一定的難度。」

「咦，為什麼？」

「以俄羅斯運輸貨物到日本的例子來看，跟靠近歐洲國家的俄羅斯西側相比，靠近亞洲的俄羅斯東側，公路、鐵路等設施並不是那麼完善。」

「是因為氣候寒冷的關係嗎？」

大樹看了一下地球儀，發現那個區域距離北極很近。

「沒錯，看地球儀就知道，俄羅斯最東邊的遠東地區非常寒冷，冬天有時甚至還會達到零下四十到五十度的低溫。」

「哇！這麼冷的地方可以住人嗎？我絕對住不下去。」

「那裡本來就沒有什麼人居住，雖然靠近太平洋的俄羅斯遠東地區面積是日本的十幾倍，但當地實際居住的人口只有七百萬人左右。」

「的確，如果沒有那麼多人居住，建造道路好像也只是浪費錢。」

「對了，陸路貿易還有其他的障礙。因為路上要經過許多國家，因此需要繳納關稅，而且手續十分繁瑣，無法按照計畫送達貨物等情況也屢見不鮮。**全球的陸地上能夠安全和穩定運送貨物的地區屈指可數**。如果是透過船運，只要將貨物裝載上船後，運送到目的地附近的港口就行了，因此可以大致預測到達目的地所需的天數，這也是為什麼大多數貿易都是靠船運。」

海賊先生拿起蜂蜜繼續說道：

「如果想要在俄羅斯國內以陸路運送這瓶蜂蜜，勢必得利用西伯利亞鐵路。但是西伯利亞鐵路並不算穩定，也不太可靠，加上還需要許多費時的手續，例如先將貨物運至遠東地區，再裝載上開往日本的船等等。因此，以鐵路為主的陸運是否真的又快又便宜，其實也不一定。」

在海底被偷走的情報

此時，小杏的手機傳來收到訊息的通知聲。

「把聲音關掉啦！」

「對不起！」

小杏急忙從口袋裡拿出iPhone，並關掉電源。

那是在國中入學時，媽媽送她的二手iPhone，她十分珍惜。

海賊先生似乎沒有因為談話被打斷而感到不快，他看著小杏的iPhone說：

「小杏，你知道用手機傳訊息到國外時，訊息是如何傳送到對方的手機裡嗎？」

「咦，是像這樣，『咻咻』地飛過宇宙嗎？」

小杏手裡拿著iPhone，比手畫腳地回答。

「是透過人造衛星嗎？」大樹對她伸出援手。

「對！大概就是那種感覺。」小杏說。

「可惜不太對。其實百分之九十九的網路資訊傳輸，都是透過這個。」海賊先生從抽屜裡拿出一條長約一公尺，像是黑色粗繩般的東西，說：「這是海底電纜。」

為什麼會把那種東西放在抽屜裡啊？雖然大樹對這件事感到不可思議，但還沒來得及問，海賊先生就繼續說道：

「這是用光纖做成的，傳送數據的速度比人造衛星快上許多，**如果沒有這些電纜，我們就不能上網了。美國是目前世界上擁有最多海底電纜的國家**，英國則位居第二。」

「你是說，海底布滿了這些粗電纜嗎？」

大樹試著拿起電纜，直徑約五公分的電纜裡似乎含有鐵，非常堅硬笨重。

「裝海底電纜，是為了靠通訊費用賺錢嗎？」

「嗯，雖然那也算是原因之一，但最主要的原因是，掌控海洋的人就能掌握情報，不只可以管理情報的往來，在必要時還能窺探情報內容。」

「啊！那我的訊息會被美國人看到嗎？」

「你和朋友的聊天內容，美國人連看都不想看！」大樹不耐煩地說道。

「在現代，重要的數據幾乎都被嚴密保護，無法輕易查看，但是無論採用多嚴謹的加密方式，一旦設定密碼的是人，就沒有不能破解的密碼。**只要掌握網路數據通過的地方，就能窺探世界上的各種情報，也能獲取其他國家不願洩漏的資訊**，其中更包含了一些攸關生死、撼動歷史的情報。」

海賊先生指向地球儀上的大西洋，用食指在歐洲與美國之間緩慢地來回移動了幾次。

「二十世紀初，第一次世界大戰爆發，當時世界上最強大的英國幾乎壟斷了連結歐洲與美洲大陸的海底電纜。」

「我記得當時好像是英國戰勝了德國吧？」

「沒錯，英國偷看了德國發送給墨西哥的電報，並利用得到的情報將美國拉入自己的陣營，最終贏得戰爭。」

「咦，竊取情報這種事是可以被允許的嗎？」

「應該沒有人會明目張膽地承認自己竊取情報吧？而且好像也很難證明。」

「沒錯，現今美國和一些國家仍然利用各式各樣的方法竊聽或窺視電子郵件。例如幾年前就有消息透露，美國的情報機構多年來持續竊聽德國總理的手機。」

「是誰竊取情報早已不是祕密，他們沒有被逮捕嗎？」

「那位德國總理氣得跳腳，也展開了調查，但是這件事卻不了了之。現實是，當最強大的國家做壞事時，沒有任何國家能將它繩之以法。除此之外，也會發生以個人行為來說構成犯罪，但由國家來做時卻不算犯罪的情況。」

「美國有沒有對日本做過同樣的事情？」

「嗯，毫無疑問，日本的總理大臣和政府高官肯定也是竊聽的目標。當然，每個國家也都加強了各種防範措施。」

「聽起來，能夠窺探情報的國家就好像在考試時任意作弊的人一樣，無論在什麼事情上似乎都比其他國家更有優勢。」

「但是，取得情報和能不能有效利用情報是兩回事。就算能將很多的教科書帶進考場盡情作弊，但是為了尋找需要的資料而花費大量時間，大概也很難在考試中取得好成績。即使竊取了情報，如果情報量太多，也需要花費很多精力與時間進行研究跟分析，把得到的訊息轉化成可利用的情報，而在這個過程中，情報會超過時效，變得毫無價值。」

「情報好像也不是蒐集得越多就越好。」

「沒錯，**蒐集太多情報，就等同於沒有掌握任何情報**。而且，無論分析出的情報品質多高，如果接收情報的高層沒有妥善利用就毫無意義。因此，雖然能透過情報機構來獲取情報，但決定如何使用的是領導人，而他們並不是每次都能明智地將這些情報發揮最大的作用。」

世界最強間諜組織失敗的原因

海賊先生指向地球儀上的日本。

「假設你們是日本的公務員，接獲鄰國軍隊即將入侵的情報時，會怎麼做？」

小杏舉起右手回答：「我會馬上將情報告訴總理大臣。」

「普通公務員怎麼可能輕易見到總理大臣？應該是先將情況報告給上司，再請上司轉達給上級吧？」

「可是，如果在傳話的過程中，對方已經開始進攻的話該怎麼辦？」

「說的也是。而且突然說什麼『下週鄰國就要入侵了』，好像也會被當成瘋子。」大樹搔了搔頭說道。

「兩個人都回答得很好。價值越高的情報越具有衝擊性，如果沒有獲得足夠的信任，別人不會輕易相信你手上的情報。而且，從基層公務員開始傳達一件事，至少要經過十個人以上才能傳到總理大臣的耳中。」

「經過這麼長的傳話過程，情報內容好像也會漸漸變得跟原先的不同。」

「而且在花費許多時間之後，還不知道最終能不能傳達到總理大臣耳裡。」

「沒錯。此外，在適當時機將情報傳遞給接收情報的一方也十分重要。假設總理大臣與鄰國進行了很長的談話，得到對方不侵略日本的承諾，並打算將那個承諾作為自己的成果向國民發表，你認為總理大臣若聽到鄰國即將入侵時，會坦率地承認自己被欺騙嗎？」

「如果是我，聽到會讓我長期以來的努力付諸流水的情報，礙於自尊心，可能不願意相信。」

「在你說這些話的時候，對方早就來攻擊你了！」

「沒錯。儘管事先得到了情報，也有可能會發生這樣的事，而且如果沒有配套措施，更會被國民強烈指責，因此這種情報會被深深埋藏，當作一開始就不存在。費盡心思獲取情報的你們，不但沒有得到回報，如果身在險惡的國家，說不定還會遭到滅口。」

「怎麼會！」

小杏趕緊用雙手摀住嘴巴。

「這種事在戰爭或和平時期的政府和企業中都發生過。」

海賊先生稍微轉動地球儀，指向俄羅斯一帶說道：

「在過去，這一帶有個叫蘇聯的國家。雖然現今的俄羅斯也算是個大國，但當時蘇聯的國土比俄羅斯還要更大。對了，你們聽過蘇聯國家安全委員會KGB嗎？」

「我聽過，那是蘇聯的情報機關吧？我聽說現在的俄羅斯總統普丁以前也是KGB的間諜。」大樹流暢地回答道。

「對了，哥哥以前常常讀間諜小說！」

「嗯，但那大概是開始準備考試之前的事情了。」

「對間諜的憧憬，可說是大多數男孩的人生必經之路。」海賊先生輕輕笑著，說道：

「KGB是全世界都害怕的頂尖情報機關。美國和蘇聯對峙時，KGB搶先對美國和英國等敵方情報機關下手，就連英國情報機關的高級幹部也曾是蘇聯的間諜，只可惜他們最後還是無法阻止蘇聯解體。」

「為什麼？蘇聯明明就有最強的間諜組織。」

「這件事說來話長，簡單來說，蘇聯的國家系統脆弱又不比美國自由，因此，就算KGB竊取了再多有用的情報也不能好好運用，有時還會發生國家領導人無法活用情報的情況。」

「情報如果不能靈活運用就毫無意義了吧？」大樹望著天花板喃喃自語。

「不只是情報，知識和任何事物都是如此。」

「就像即使買了漂亮的衣服，如果無法把衣服搭配得好看就沒有用了，是嗎？」

「那我們該怎麼好好運用得到的東西？」意識到自己學到的知識可能會失去意義，大樹忍不住大聲詢問海賊先生。

「要有明確的目標，並且著眼於達成目標後該做的事。」海賊先生堅定地回答。

「大家應該都耳聞過第二次世界大戰中日本的情況吧？你們覺得，日本是懷著什麼目標參加戰爭呢？」

「不是擴大領土嗎？」

「沒錯。但是，他們沒有思考擴大領土後的目標。到底要擴展到什麼程度才算是結束？日本完全沒思考下一個目標，因此在戰爭中迷失方向，卻遲遲不肯休戰，導致犧牲者日漸增加。反觀美國，在戰爭結束前兩三年，就已經開始規劃戰勝後的計畫了。**如果沒有設定目標和訂定計畫，即使擁有再強大的武器、掌握再重要的情報，也很難靈活運用。**」海賊先生撫摸左眼的眼罩，看起來很悲傷。大樹心想，他以前可能經歷過戰爭。

「以前我對戰爭只有悲慘、可憐的印象，從來沒有試著用這個角度來思考戰爭。」

大樹對小杏的這番話點點頭，並在心中複誦了一遍海賊先生所說的「訂定目標，著眼於未來」。

擁有最大深海範圍的國家

「日本在這次的失敗之中日漸成長茁壯。剛才我說過，國家之間的貿易大多是通過海洋，那麼，世界上最大的海洋在哪裡呢？」

「是太平洋吧？啊，在這裡！」

小杏指著單軸地球儀上的文字說道。

「那麼，太平洋有什麼特徵？」

大樹仔細觀察地球儀上的太平洋，說：

「比想像中還要廣闊，以前在地圖上看起來沒那麼大，現在看地球儀，感覺大概有世界的一半那麼大。」

「是啊，太平洋比第二大的海洋大西洋大上兩倍左右，而且從地球儀上也能看出，深藍色的部分相當多。」

「顏色深的部分代表深海，相反地，顏色淺的部分則代表淺海嗎？」

「沒錯，太平洋的平均深度約為四千兩百公尺，大西洋則為三千三百公尺，太平洋稍微深了一點。」

「比想像中深太多了，好難理解喔。」

看到小杏疑惑的歪著頭，大樹說：

「富士山大概是三千七百七十六公尺，這個深度就像把富士山顛倒過來看的感覺。」

「讓我們試著用不同角度思考海洋的深度。你們學過『經濟海域』這個詞吧？」

「我學過，經濟海域指的是自己國土附近的海域，各國可以獨占那裡的漁獲以及海底的石油，就像自己的地盤一樣。」

「沒錯，其他國家不能在那裡隨便捕魚、採石油。用立體的方式來看，經濟海域越深，地盤也就越大。」

「也就是深度越深越有利的意思吧？」

「沒錯。那麼，以地盤內的海水體積來說，你們覺得日本在全世界排行第幾名？」

「應該是名列前茅吧？」

「對啊！地球儀上日本周圍深藍色的區域很多，大概在第十名嗎？」

「正確答案是第四名。日本附近有很多深海，**也有報告顯示，如果只看水深六千公尺以上的深海，日本是世界上海水體積最大的國家。**」

什麼是經濟成長？

「仔細想想，看起來小小的日本，其實好像挺大的耶！」

「在平面的二次元世界中，以面積來說，日本大概在全世界第六十名左右，並不算太大。但是將高度與深度也列入考量的話，實際上還會再更大一些。而在金錢方面，也就是經濟實力上，日本僅次於美國與中國，位居世界第三名。**日本人常說自己是個小島國，但就世界上的存在感而言，卻是可以列入大國範疇內的國家。**」

「日本能排在美國與中國這樣的大國之後，真了不起！」

小杏在地球儀上確認美國和中國的面積大小。

「但是，近年日本的經濟好像幾乎沒有什麼成長。」大樹說。

「真的嗎？但是我聽說日本的製造業很厲害。」小杏回答。

「日本的製造技術的確很棒，但是正如大樹說的，日本的經濟成長也確實停滯不前。那麼，經濟究竟是什麼？就像商品的買賣也可以說是經濟的一環，例如，小杏買漂亮衣服時，或是去美容院剪髮時，都是用錢付款吧？這些都算是經濟活動的一部分。那麼，要怎麼讓更多人購買衣服，進而使經濟成長呢？」

「可以做很多可愛的衣服！未來我想做的就是這樣的工作。」小杏眼神發亮地說。

看到如此認真思考未來目標的小杏，大樹感到很驚訝，稍微思考了一下，說：

「只要盡量讓更多人購買商品，就能增加經濟成長了吧？」

「兩人的回答都很棒。要促進經濟成長，需要的是新技術還有大量的人才。說到新技術，最好的例子就是那個。」

海賊先生指著小杏放在桌上的iPhone。

「我的iPhone？」

「iPhone之所以風靡全球，是因為它集結了最新的技術。正是因為創造了像iPhone這樣具有吸引力的產品，美國經濟才有了大幅成長。」

「目前在市面上確實很少看到日本製的智慧型手機。」

「沒錯，現今的日本並沒有製造出能讓其他國家驚豔的產品。如果日本能持續生產出全世界願意高價購買的好產品，製作產品的公司和國民都能變得更有錢，政府也可以從他們身上收取更多的稅金，國家就能更加富裕。」

「嗯……要創造出與iPhone並駕齊驅的新技術嗎？感覺好像很難。」大樹雙手抱胸。

「新技術不是唯一的賣點，颳起一陣新文化的旋風也是一個方法。之前就有過國、高中生所設計的新化妝品風靡全球的例子。」

「如果是這種事情，我或許也做得到。」小杏說。

「對呀！你應該可以喔！」海賊先生笑著點點頭，接著說：

「除了新技術以外，促進經濟成長還需要更多的人。」

「日本的人口成長正在年年下滑吧？」

「沒錯，日本現在的人口平均年齡超過四十五歲，就連與先進國家相比也偏高。你們應該聽說過，現代社會正朝著少子化及高齡化發展吧？」

「其他國家人口的平均年齡大概是幾歲呀？」

小杏發問完，海賊先生用手指在地球儀上的印尼和馬來西亞附近畫了個圈，說：

「東南亞地區的平均年齡是二十九歲。菲律賓的平均年齡是二十四歲，那是一個擁有超過一億人口而且充滿活力的國家。」

海賊先生從抽屜裡拿出一張黃色便條紙，寫上四十六、二十九、二十四等數字，然後輕輕貼在地球儀上的不同地區。

「日本的總人口大概是一億兩千萬人。菲律賓的總人口數與日本差不多，平均年齡卻完全不同。」

「沒錯，所以即便不生產新的產品，他們的經濟也會隨著人口的增加而成長。」

「雖然我對菲律賓的了解不多，但是印象中他們好像不是很富有。」

「越貧窮的國家，人民生育的小孩越多。這有很多不同的原因，其中一個主要原因是父母希望小孩將來能照顧他們。由於這些國家的老人年金、醫療系統等支持老年人口的社會機制很脆弱，人們考慮到將來的老年生活，因此生了很多孩子。日本在第二次大戰前也有過這樣的時期，當時擁有將近十個小孩的家庭比比皆是。」

「哇！好厲害！有這麼多兄弟姐妹好像很有趣，但太多孩子好像也不是件好事。」

「一個吵鬧的妹妹就已經夠我煩的了。」

「明明是可愛的妹妹！」

聽到兄妹倆的鬥嘴，海賊先生瞇起了沒戴眼罩的眼睛。

「在現在的日本，有那麼多孩子的家庭應該很少了吧？因為已開發國家有老人年金制度，所以讓孩子在父母年老時照顧自己的需求就變小了。而小孩上了大學後就會出社會工作，因此十五歲以上到二十多歲的年輕人都比較少生小孩了。」

「我也想要讀大學，不過，如果在畢業後直接進入職場，一轉眼就二十幾歲了呢！」

「這是件好事吧？我也希望將來可以把時間用來完成自己想做的事情。」

「海賊先生，世界上最強的國家美國，也有嚴重少子化的情形嗎？」

「美國的平均年齡是三十八歲，比日本更年輕。」

海賊先生將寫了「三十八」的便條紙貼在「美國」的上面。

「咦，為什麼？是因為美國有很多小孩，也有很多年輕人嗎？」

「增加人口數量有兩個方法，一個是多生小孩，另一個是讓國外的年輕人到自己的國家來。」

大樹突然拍了一下膝蓋，說：

「原來如此！所以美國才不斷接納來自世界各地大量的移民啊！」

「移民是指在別的國家生活和工作的外國人嗎？這麼說來，日本也有不少移民吧？」

「對呀，近年來，日本每年也有超過十萬的外籍移工入境，尤其是東南亞國家。對他們而言，日本儼然已成為賺錢的熱門去處。例如緬甸、印尼等國家，從前因為窮困不堪，大家都不敢出國，隨著社會逐漸富裕，到國外學習或工作的年輕人一下子增加了不少。」

海賊先生用指尖輕點了地球儀上寫著「二十九」的便條紙，繼續說道：

「移民分為兩種，一種是工作幾年後就回到自己國家的外籍移工，另一種則是繼續留在那個國家生活的移民。日本的移民中只有少數人會取得日本國籍並成為日本人。」

日本也成了移民之國

「外國人想要取得日本國籍很困難吧？一想到街上都是外國人，就覺得有點可怕。」

「大樹，我可以理解你對陌生事物恐懼的心情。但是，據說在日本的外籍移工已經超過一百六十萬人了。你曾經因此感受到治安變差，或是有過令人害怕的經驗嗎？」

「這倒是沒有。」大樹有些尷尬地回答。

「聽你這麼一說，便利商店偶爾會有外國店員，大家都很努力工作呢！」

「沒錯，他們都是在自己國家的高中或大學畢業，十分認真的人們，大多數的人都是由於母國缺少工作機會或是薪水不高的緣故，所以才決定來日本工作。」

「在未來的日本，像這樣的移民會越來越多嗎？」

「嗯，來自東南亞的外國人可能會越來越多吧？因為東南亞的優秀年輕人，在自己的國家大多沒有充分發揮能力的機會。」

「那麼，如果優秀的人來到日本工作，是不是就可以促進經濟發展呢？」小杏高興地現學現賣。

「實際上，一些富有的國家對移民的要求比日本嚴格許多，當然，如果是天才般的人才，就可以去美國等國家一展長才，但是這樣的人才屈指可數。對於大多數優秀的人來說，日本可說是一個不錯的去處，接下來日本的移民數量恐怕會比現在多上好幾倍。多了這些移民，不僅能讓日本社會煥然一新，也可以彌補日本工作人口減少的缺憾。」

「海賊先生，日本的移民最後會變成日本人嗎？還是以外國人的身分永遠留在這裡呢？」大樹問。

「嗯，這是一個好問題。你認為，外國人要成為日本人需要什麼條件呢？」

大樹雙手抱胸想了一會兒。

「嗯……至少要有一定的日文能力吧？」

「沒錯，這也是很大的要素。即便符合法律標準，完全不會講日文的人在日本還是很難被當成普通的日本人。相反地，會說一點日文或是努力說日文的人，也許比較容易得到大家的認可。」

「咦，可是，並不是會說日文就算是日本人吧？」

「我也這麼認為，果然還是要在日本出生才能算是日本人吧？」

「但是嚴格來說，人種分類裡並沒有『日本人』這個種族。」

海賊先生的手指分別從日本上方的俄羅斯、中國、南邊的東南亞往日本的方向移動。

「像這樣，過去曾有各個種族的人渡海來到日本，原本的居民與之後到來的人們持續交融，成為了日本人。從這點看來，**日本原本就是一個融合了不同種族的移民國家**。」

「意思是說，我們的祖先也是移民嗎？」

「從廣泛的定義來說是這樣沒錯。」

「所以，沒有純日本人嗎？」

「沒錯，正因為如此，日本才能接納更多不同種族的人。而決定要接納什麼條件的人，以及建立能幫助移民順利在日本生活的語言與文化教學機制，就非常重要。」

「教移民說日文嗎？日文對外國人來說應該很難吧？」

「身為日本人的我都覺得漢字很難了，加上又有平假名和片假名。但英文只有英文字母，好像相對簡單一些。」

「但是講日文比起其他的語言簡單，因為說話時的抑揚頓挫和需要的發音不多。說到發音，中文的發音規則就很多，因此比別的語言更困難。另外，你們不會瞧不起努力說日文的外國人吧？實際上，世界上沒有多少人能像日本人一樣包容且溫暖地對待外國人說日文時的失誤。」

「原來如此。無論能不能成為日本人，只要彼此能用日文聊天，也許就能成為朋友。」

「今後，把不同種族的人都當作日本人看待的時代即將來臨。」海賊先生將交握的雙手放在桌上，認真地看著兩人。

「人潮就如同大海裡的洋流一般，總是在大地上頻繁流動。開明而有吸引力的國家，會像磁鐵般吸引人們跨越國境去追求幸福。只要觀察人的流動，就能知道哪個國家具有可能性，抱著這樣的想像注視地球儀時，各式各樣的想法也會油然而生。」

「有吸引力的國家……如果我會英文的話，也想去國外看看。」

「沒錯，不必將自己束縛在自己的國家中，如果有比日本更有趣的國家，沒有道理不去看看。不去怎麼知道有不有趣呢？」

「噹！噹！」

聽到牆上掛鐘的聲音，大樹和小杏轉過目光。

不知不覺已經過了一個小時。

「今天就到此為止，下次再來吧！我也得做自己的工作了。」

海賊先生一邊說著，一邊拿起桌上的文件。

「謝謝，今天的談話非常有趣。」大樹說。

「海賊先生，不好意思聊了那麼久，會不會打擾到你做生意？」小杏問。

「小杏，謝謝你，不過不用擔心，開這間店對我來說只是一種消遣。」

一邊說著，海賊先生的目光落在一份寫滿英文的文件上。

大樹發現手邊的筆記本幾乎是空白的，猛然從座位上跳了起來，心想：「糟糕了！」

因為聽得太入神，他完全忘記做筆記了，不僅如此，連最後一天那場賭上「Diplomat」地球儀的考試也忘得一乾二淨。

「啪！」地一聲，大樹闔上只寫著「地球又圓又藍」一句話的筆記本。

第1天的總結

- 世界上的貿易幾乎都是透過海洋進行，支配海洋的美國擔任掌管世界的角色。因此，全球貿易大多使用美元進行交易。
- 美國能用本國貨幣從外國購買商品，國家也因此變得十分富裕。
- 世界上幾乎所有的數據都要通過海底，掌握海洋就等同於掌握情報。
- 即使蒐集了很多情報，若不能將情報分析並有效利用的話，擁有再多情報也無用武之地。
- 經濟發展的程度取決於人口與技術的進步。

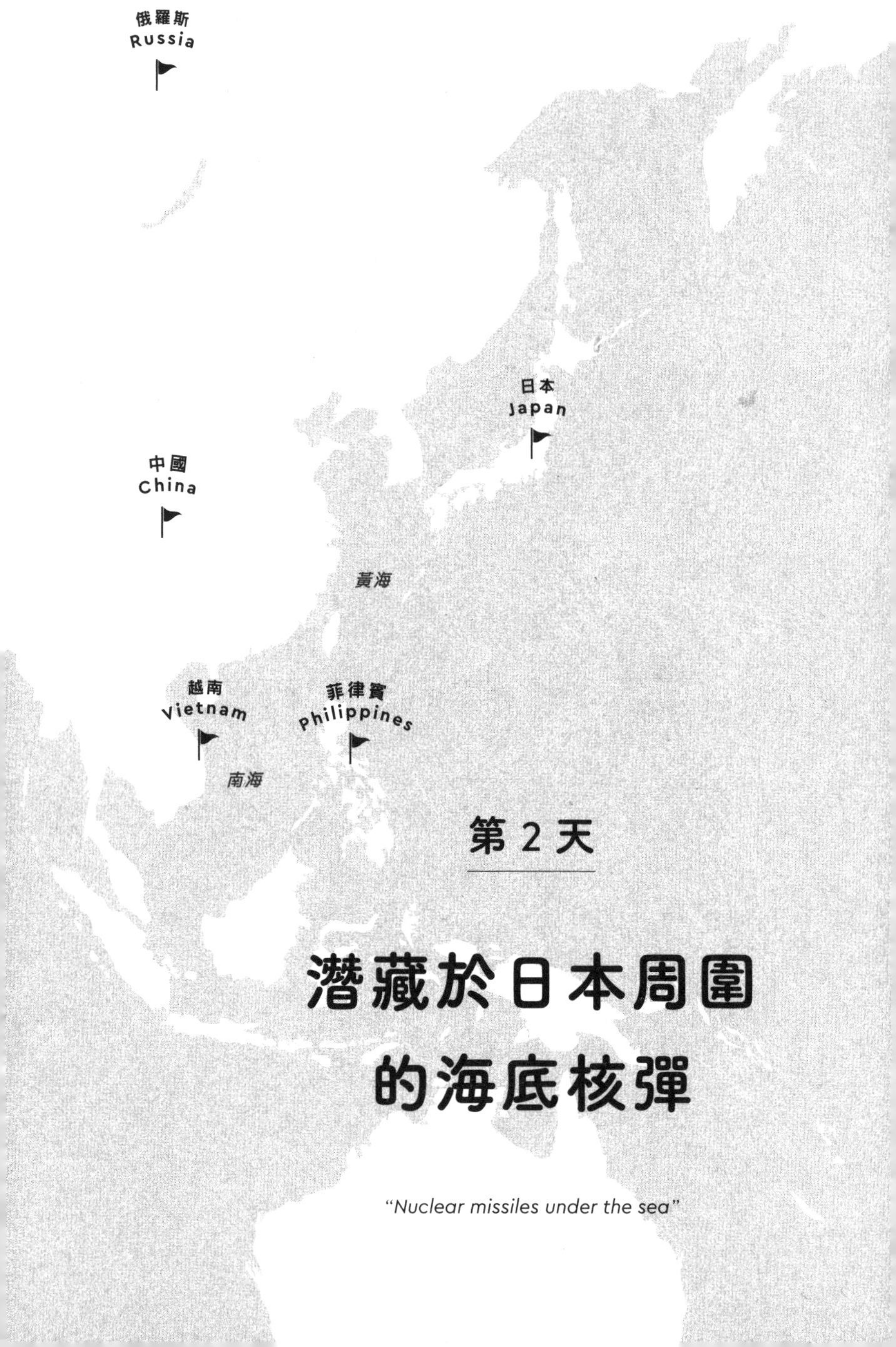

第 2 天

潛藏於日本周圍的海底核彈

"Nuclear missiles under the sea"

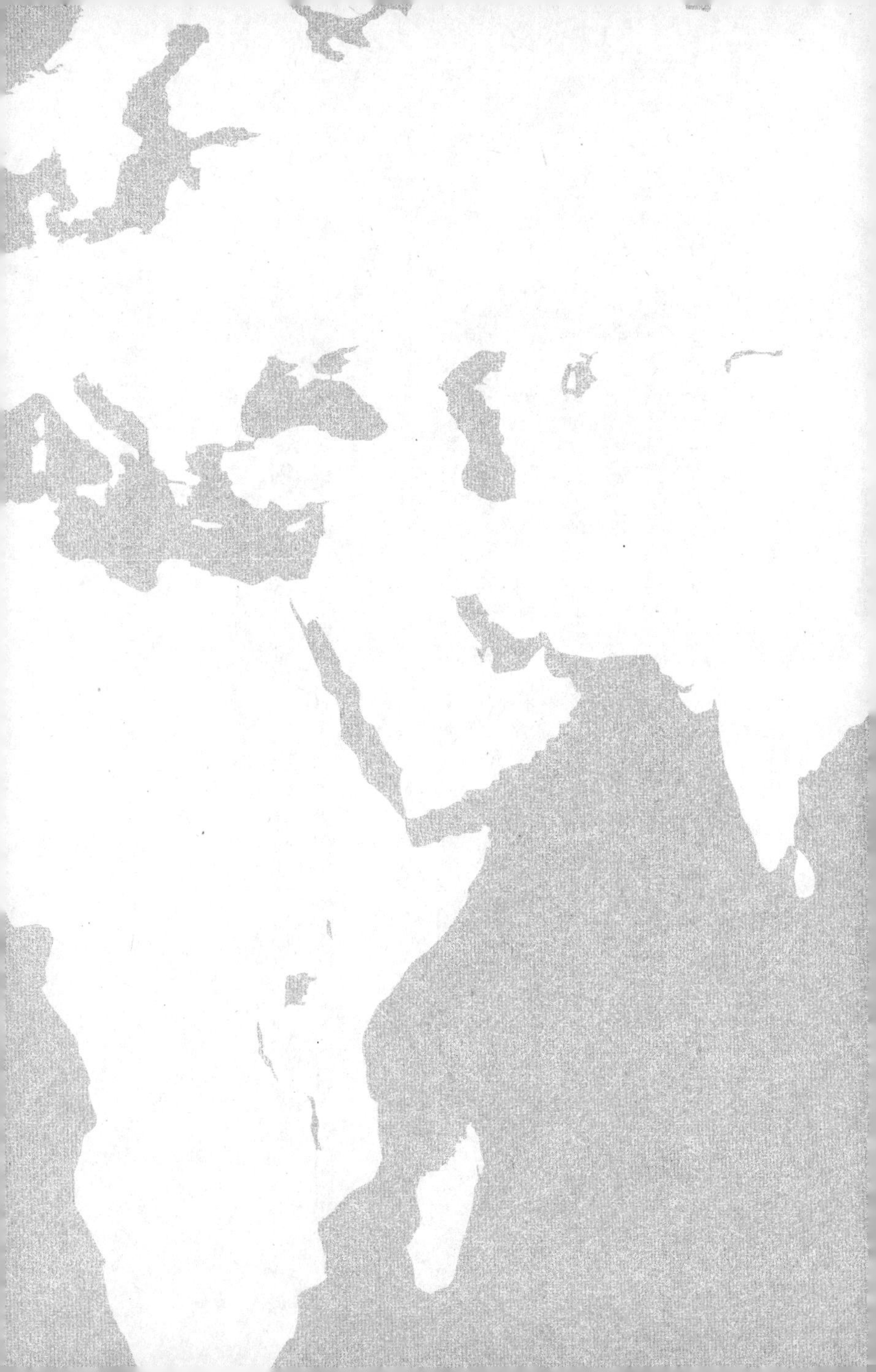

「海賊先生」的真面目

酷熱的午後，大樹和小杏正在前往古董店的路上。

已經上高中的大樹不想被熟人看到自己還跟妹妹走在一起，走路時稍微低著頭。有這種想法的不只大樹，小杏似乎也是如此，她快步走在大樹前方，身上的白色裙子輕輕隨風飄逸。

「海賊先生究竟是什麼樣的人？」小杏背對著大樹問道。

「感覺不太像是普通的古董店店主，他對貿易、經濟之類的事情都很了解。」

「他看起來像老爺爺，可是完全猜不出年齡。不過他應該不是真正的海賊啦！」

關於海賊先生的真面目，自從上次上課以來，大樹的腦海中就浮現出一個想法。是間諜！以前讀過的間諜小說中，也有一些能力厲害的間諜，混在普通人之中暗中行動，一想到就令人興奮不已。

「對了，如果我們倆都通過了最後的考試，誰會得到地球儀呢？」

一回過神來，小杏走到了大樹旁邊。

「什麼?那就……」

大樹一時語塞，他從沒想過可能會輸給小自己三歲的小杏，所以只想著如何贏得地球儀。但是仔細想想，確實也有兩個人都答對考題的可能性。海賊先生的考試，到底是筆試還是口試?是否有明確的正確答案?還是會是像寫報告之類的形式?

無論如何，海賊先生說過解開問題需要的是好奇心與想像力。大樹對於是否能用自己的好奇心與想像力在考試中拔得頭籌，開始有些不安。

「那麼，如果我們兩個人都答對的話，識破海賊先生真面目的人就算獲勝怎麼樣?」

「聽起來很有趣，但如果兩個人都沒辦法識破的話怎麼辦?」

「到時候再說吧!今天也要好好加油!」

核彈在哪裡?

大樹打開古董店的門，說了聲「你好」。

海賊先生快速從店面深處的辦公室現身，手裡拿著大寶特瓶大小的白色模型。

「那是大型鉛筆嗎？」

「不是吧？那是火箭吧？」

「這是核彈模型，原理跟火箭一樣。今天先來聊聊核彈。請坐，我去泡個茶。」

待海賊先生再次進入辦公室後，大樹坐下來，拿起桌上的核彈模型。塑膠製的模型就像小杏說的，看起來確實有點像尖尖的鉛筆。

「這是哪個國家的核彈呀？」

「過去投在廣島和長崎的原子彈就是核彈的一種，對吧？我記得在學校學過日本不能擁有核彈的說法，好像是不聽、不說什麼的。」

「是不擁有、不生產、不引進[1]吧？雖然日本的情況是這樣，但其實世界上很多國家都擁有核彈喔。」大樹轉了轉放在桌上的地球儀，說道。

「像是美國、英國、法國、俄羅斯、中國，還有……」

「哼！為什麼哥哥會知道這些事？」

「在學校學到的啊！這種小事大家都知道吧？」

雖是這麼說，但大樹看起來十分洋洋得意。

「那為什麼那些國家擁有核彈？是為了在將來發動戰爭嗎？」

「我覺得應該不是。我認為大概是要向周圍的國家展示自己的強大，進而達到威嚇的效果吧？記得老師曾經說過，如果發生核戰，核輻射會散發到整個地球，到時候就沒有輸贏可言了。」

「咦，但是在廣島跟長崎投下原子彈的美國，本土並沒有受到核輻射的危害啊？」小杏說。

海賊先生一邊把茶具放在桌上，一邊說道：

「如果各國用威力極強的氫彈互相攻擊，地球環境可能會被徹底破壞。但是，如果只用威力稍弱的原子彈攻擊對方的首都，或許就能在自己國家不受到輻射傷害的情況下獲勝。而擁有核武器的國家最近都在思考，如何在與潛在敵人的戰爭中使用這類型的核武器。」

「所以那些國家是真的想使用核武器，而不只是拿來當成威嚇的手段嗎？」

海賊先生沒有正面回答，而是坐在自己的椅子上，轉向兩人後說：

1　此處指的是日本政府於一九六七年提出的「非核三原則」國防政策：不擁有、不生產、不引進核武器。

「核彈是迄今為止人類創造出最強大、最恐怖的武器。我們一邊看地球儀，一邊思考擁有核武的意義吧！那麼，哪些國家擁有核武器呢？」

「大國嗎？還是強國？」

小杏一邊轉動單軸地球儀，一邊比較這些國家。

「是在第二次世界大戰中戰勝的國家嗎？」大樹回答。

「喔！回答得很準確。戰爭中的戰勝國對落敗的國家擁有特殊權利，這是亙古不變的道理。順帶一提，擁有核武器的印度、巴基斯坦，以及據說擁有核武器的以色列、北韓，都是在二戰後才成立的國家，因此不算贏也不算輸。大樹，你剛剛說了擁有核武器的國家有哪些，那麼你想過美國的核彈在哪裡嗎？」

「在哪裡？是指地點嗎？我好像沒有學過。」

大樹用手指在地球儀上的「美國」比劃了一下。

「不知道是理所當然的，**核武器通常藏在其他國家所不知道的地方**。因為國家之間開戰時，若敵方事先知道核武器的所在位置，就會優先以那裡為攻擊目標。比方說，假設美國將核武器藏在洛杉磯。」

海賊先生指向美國西部的一個點。

持有核武器的國家

二戰主要戰勝國中擁有核武的國家	二戰後建國、擁有核武的國家	二戰後建國、據信擁有核武的國家
美國	印度	以色列
英國	巴基斯坦	北韓
法國		
俄羅斯		
中國		

「如果某個國家想要打敗美國，只要搶先在這裡投下核彈就行了。」

海賊先生熟練地往茶杯中倒入紅茶，並將杯子遞給大樹和小杏。

「你剛剛說到藏匿核彈，可是這個跟火箭一樣大的核彈要怎麼藏呢？」

「藏匿核彈這件事相當困難。人造衛星能追蹤地面上的動向，所以核彈不可能藏在陸地上。況且，藏匿核彈地點的祕密沒辦法永遠隱藏，因此大家想到了一個誰也無法插手的地方——海洋。」

把核武變成最強武器的三個條件

「什麼？要怎麼藏在海裡？」

「可以使用潛水艇。用核能驅動的潛水艇能夠潛伏在水中好幾個月不用浮出水面，由於在海裡可以安靜無聲地移動，因此比陸地更適合隱藏。而且發生緊急情況時，還可以發射裝設在潛水艇上的導彈。」

海賊先生用單手舉起導彈模型說道。

「裝著核彈的潛水艇在海中徘徊，感覺好可怕喔！」

「是啊，其他國家也不會想攻打有核武的國家吧？雖然核武威力很強，然而，只是擁有核武是不夠的。**一個國家只有在具備以下三個條件時，才能將核武變成最強的武器，那就是擁有可以隨時潛入海中的核潛艇、可以在海裡發射導彈的力量，和深度足夠隱藏潛水艇而且屬於自己地盤的安全深海。**至少，擁有核武器的國家深信這麼做就可以保護自己的國家。而目前，完全符合這三點，擁有這項最強武器的國家只有美國和俄羅斯。」

「上一次說到美國掌控了全世界的海洋，那麼俄羅斯把核彈藏在哪裡呢？」

「應該是又深又安全的海裡吧？」

「是藏在周圍環繞著自己國家的領土和船的海域吧？」

大樹和小杏望著地球儀上俄羅斯周圍的海洋。

「是這邊嗎？是這個在日本附近的地方嗎？」小杏指向北海道上方的區域。

「沒錯，鄂霍次克海的水深達三千公尺以上，而且地形就像一個深海灣，加上禁止俄羅斯以外的潛水艇進入，從蘇聯時代至今，俄羅斯一直在這裡部署核潛艇。」

「這不就是北海道的旁邊嗎？核武器居然距離我們這麼近，太恐怖了吧！」

「是啊，不過俄羅斯的核武器主要瞄準的是美國，畢竟世界上最強大的國家對俄羅斯來說也是最大的競爭對手，而且他們彼此以前的關係比現在還更糟糕。目前，俄羅斯也做好了一旦被美國襲擊就能馬上反擊的萬全準備。隨著俄羅斯發展核武，美國也很難同時保全自己又將俄羅斯擊敗。」

「原來擁有最強武器的兩個國家，至今為止一直在海底相互對峙呢！」

中國渴望占領南海的理由

「有一個國家不惜與世界為敵也要發展核武，那就是中國。」

海賊先生指著地球儀上的「中國」。

「中國也擁有核彈，對吧？」

「不過距離成為最強的武器，它還差了能發射導彈的潛水艇，以及又深又安全的海洋這兩個條件對嗎？」

海賊先生面有難色地點了點頭說：

「是啊，中國也有核彈。而且它其實也擁有能發射導彈的核潛艇。中國唯一缺少的，就是像俄羅斯的鄂霍次克海一樣可以自由行動的海域。」

「這一帶不行嗎？看起來還滿深的。」

大樹指著韓國與中國附近的海域說。

「黃海啊？這裡確實有一大部分的沿海屬於中國，而且乍看之下，黃海西北方的渤海似乎也是其他國家無法進入的區域。但是，黃海實在太淺了，平均水深大約只有四十公尺，核潛艇無法藏在這裡，如果把核潛艇部署在黃海，可以說是一覽無遺。」

「地球儀上深色的部分就是深海吧？那麼適合藏匿核武的海域應該就是這附近吧？」

「**沒錯，就是南海。如果中國想要藏設核潛艇，也只有這裡可行了。**南海的平均深度超過一千公尺，最深可達五千公尺。不過這裡是國際海域，任何國家的船隻都能自由進出，甚至連美國的軍艦也不例外。」

「所以，中國為了將南海占為己有，跟其他國家發生了衝突嗎？」

「沒錯，目前中國在南海的淺水區填海，並強行建造人工島以及許多軍事基地，然而越南、菲律賓等周邊國家也宣稱南海的一部分屬於自己。中國把這些聲音當作耳邊風，執意獨占南海。雖然事情越鬧越大，但是就算惹怒周圍的國家，中國也想要獨享這個具有極大利益的海洋。」

「因為如此一來，中國就能獲得完整型態的核武了吧？但是，為什麼中國不惜做到這個地步也要得到最強的武器呢？」

「嗯，最重要的原因是，中國把美國視為最強大的國家。你們有過在某方面得到第一名的經驗嗎？」

「當然有！」大樹抬頭挺胸地回答：

日本附近有兩個可以藏匿核彈的區域

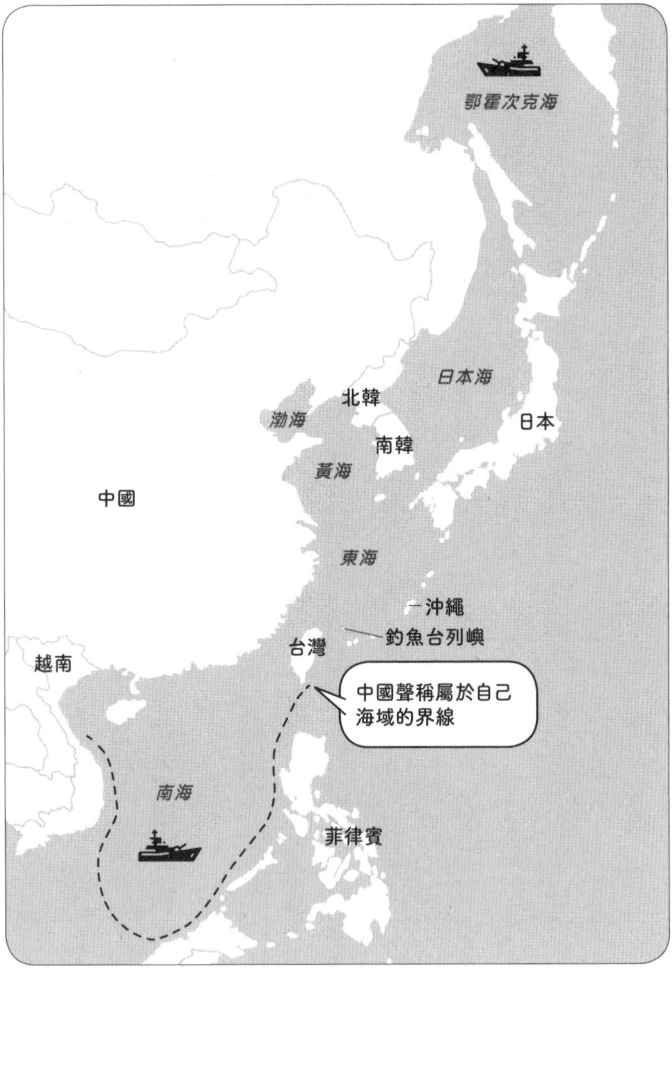

「我從國中二年級到畢業，考試一直都是全年級第一名。」

「又來了，哥哥引以為傲的全年級第一名。我也在運動會上得過第一名啊！」

「這兩件事才不能相提並論。我為了得到第一名，比誰都還努力認真學習，就算在考試後還是繼續用功，只為了不想輸給任何人。」

「那真是厲害！像大樹一樣，曾經在某個領域當過第一名的人，便不願屈就第二名的位置了，此後也會努力保持第一名。而第二名、第三名的人就會想，自己已經這麼努力了，再加把勁也許就能成為第一名，因此會繼續努力。即便位居上位沒有什麼特別的好處，人們還是會持續追求地位的提升。」

「我懂，是因為自尊心。」大樹用力地點了頭。

「在學校的課業上，大家可以互相切磋琢磨、一起成長，但是換成國家時，就有不一樣的考量。成為最強的國家有很大的好處，記得我們上次說過點石成金的美國嗎？」

「是指美國很有錢的事嗎？」

「因為全世界都想要美元，所以美國印了很多鈔票，讓世界各國都能使用。」

「沒錯。如果有這麼大的好處，那麼最接近第一名的國家就會覺得，即使必須使用一些骯髒的手段也要成為第一，而位居第一的美國，則是就算阻礙對方也要繼續坐在第一的寶座上。」

「是因為自尊心和錢嗎？」

「沒錯，此外，**中國想獲得核武的另一個理由，是為了不讓美國插手自己國內的事務**。舉例來說，大樹，你會對成績比自己差的同學說『你的學習方法不好』，或是『你應該換一個補習班老師』之類的話嗎？」

「哇，這聽起來好像我哥哥會說的話。」

小杏笑著戳了一下大樹的手肘。

「我怎麼可能說這種討人厭的話！」

「是啊，我相信大樹不會做這種事的。但是，美國就是這樣對待中國的。每當中國國內發生問題時，美國總會說『中國的做法不人道』，或是『中國應該採用與美國相同的選舉制度』這樣的話。」

「美國對中國國內的事務指手畫腳嗎？站在中國的角度來看，確實滿煩人的。」

「是啊，當然美國也是出於善意地推廣自由之國的處事方法，並非一味地故意使壞。但是對中國領導者來說，他們認為就是因為中國的體制很好才能順利走到今天，而現在卻要被強制灌輸美國的做法，這無疑是個困擾。」

「是啊，而且又不能完全無視世界最強的國家說的話。」

「沒錯，從十九到二十世紀，中國被歐洲各國以及日本等強國掠奪了很多土地，因此他們害怕任由其他國家擺布；唯恐需要照著對方的想法改變自己國家的體制，也擔心國家是否會因此分崩離析，變得疑神疑鬼。」

「所以中國才想擁有能隱藏導彈的海域，藉此超越囉唆的美國，成為世界第一啊！」

「嗯，至少要跟美國站在平等的位置才行吧。」海賊先生摸著鬍子說。

「即便無法超越美國，只要能讓美國承認中國是與他們並駕齊驅的國家，自尊心就能得到滿足。而且，只要和美國站在對等的位置，自己國內的事便不會被干涉，在不久的將來也能和美國協商，**要求他們承認靠近中國的太平洋西側海域是屬於中國的地盤**。」

「原來南海的問題跟太平洋也有關係呀！」

「沒錯，這樣一來中國不僅能確保自己的安全，還能壓制日本及東南亞等國家，隨心所欲地做想做的事情。」

「為了成為世界第一，跟美國平起平坐，所以必須得到可以藏匿核武器的地方嗎？真是有趣。」大樹雙手抱胸說道。

「那麼，中國跟美國的關係不好嗎？」

「沒錯，原本無論是中國、俄羅斯還是日本，世界各國都應該跟美國建立良好關係才有好處，畢竟美國掌管全世界，與美國為敵只有壞處。直到不久前中國與美國的關係還不算太差，但由於中國目前已擁有可以威脅美國的力量，美國為了持續位居上位，才壓制中國。」

「而由此引發的事件，就是剛才討論的南海問題，對吧？」

什麼是國際法？

小杏看了看地球儀，發現沖繩位於南海的右上方。

「俄羅斯藏匿導彈的位置在日本附近，南海也離日本很近。導彈藏在離日本這麼近的地方，日本的安全沒問題嗎？」

「不能說完全沒問題。**世界各國都知道，一個不注意領土就有可能被其他國家占領**，我在世界各地看過不少領土被別的國家占為己有的例子。」

「這好像也跟中國的領土爭議有關聯。小杏，你知道釣魚台列嶼（編注：日本名為「尖閣諸島」）嗎？」

「吼！別再小看我了！日本和中國不是都宣稱釣魚台列嶼是自己的領土嗎？雖然我不知道具體的地點在哪裡啦。」

海賊先生指著沖繩以西的東海一帶說：

「就是這一帶。不只是釣魚台列嶼，就連沖繩將來也有可能成為中國的領地。有些中國學者宣稱沖繩本來就不屬於日本，而是屬於中國，因此在一百年後，沖繩變成中國領土的可能性也不是沒有。」

「可是，自己的領土一不注意就被其他國家占領，這種事是會被允許嗎？」

「我也這麼覺得，而且聯合國和美國應該不會坐視不管吧？」

「其實，最近確實發生了這樣的事件。」

海賊先生轉動地球儀，指向土耳其上方的區域說：

「這是克里米亞半島。這個面積比沖繩大十倍的島嶼，直到不久前還是烏克蘭的領地，但是俄羅斯軍隊占領當地，並宣稱克里米亞半島是俄羅斯的領土。當然，美國與歐洲各國都相繼譴責俄羅斯，但是沒有任何一個國家試圖強迫俄羅斯將克里米亞半島歸還給烏克蘭。從這個情況看來，如果有一天日本的領土被中國占領，也不能太過期待其他國家會幫助日本。」

「不是有國際法嗎？如果違反了世界各國之間的規則……」

大樹說到一半突然語塞。仔細想想，自己好像從來沒想過違反國際法會有什麼後果。

「國際法對於違反規則時要由誰來負責制裁的規定十分模糊，而且往往對大國有利。」

「法律怎麼可以這樣！怎麼可以無視有難的國家呢？」

「國家與國家之間的規則，不過就是如此。大家表面上把話說得很漂亮，但實際上各國都是為自己的利益而行動，在很多情況下，他們會濫用對自己有益的規則，這就是世界的現實。」

聽完這段話，大樹和小杏頓時啞口無言。

「所以，從中國的角度來看，不難理解他們『把南海占為己有有什麼不對？美國不也做了相同的事情嗎？』的想法。而中國本來就認為現在以美國與歐洲各國為標準而制定的國際規則很不合理，所以不想聽從美國與日本的意見也是理所當然的。」

「那麼，國際法不就完全沒有意義了嗎？法律是用來制約做壞事的人，但現在卻沒辦法懲罰他們。」

「這是一個好問題。從結論來說，並不是完全沒有意義。比如在日本，如果做了殺人之類的壞事就會被關進監獄，甚至被判處死刑，這是因為警察辛勤執法的緣故。不過日本也有許多尚未逮捕犯人的懸案，更有不少小案件被置之不理，但這並不代表法律毫無意義，不是嗎？」

「這麼說好像也有道理。」

「而這個思考邏輯也適用於國際法。與國內的法律相比，國際法強行逮捕並實行審判的強制力確實比較弱，但是，**國際法是世界各國為了在國際社會上彼此和睦相處而制定的國際規則，在某種程度上還是具有一定的分量**。

舉例來說，假如你們擔任班長，公開聲明要跟老師交涉，要求取消不合理的校規，但在那之後卻沒有任何行動，會發生什麼事？」

「光說不做的話，感覺會被大家瞧不起。」

「雖然不做事也不會受到任何懲罰，但會失去周圍的人對自己的信任。」

「是啊，而且會被自己所說過的話束縛，而這點在國際社會也一樣。**如果抱著『力量就是正義，所以國際法沒有任何意義』的態度公然違反規則，就會招致所有人的反感**。」

「但是就算會引發大家的反感，中國還是認為將南海據為己有這件事更重要。」

「原來如此。美國離南海很遠，所以想借助日本和澳洲等親近國家的力量試圖阻止中國的行動，而中國也認為這關係到自己的地位以及存亡，因此拚了命想用幾十年的時間一點一點奪取南海。而這場對立，今後也將在南海持續下去。」

日本擁有核彈的那一天會到來嗎？

說到這裡，海賊先生喝了一口紅茶。

「那麼，如果日本遭受企圖奪取領土的外國攻擊，該如何保護領土呢？」

「說到保護，應該是讓自衛隊為國戰鬥吧？」

「沒錯，日本本土的地形環海，相對容易防守。但是本土周邊的島嶼和海域被占領的可能性就滿大的。」

「這樣的話，是不是就必須擁有『那個』？」

小杏戰戰兢兢地指著放在桌上的導彈模型，看到猶豫著要不要說出那個詞的小杏，大樹忍不住幫她把話接了下去：

「這是不是意味著日本也必須擁有核彈？」

大樹對自己脫口而出的話打了個寒顫，但海賊先生面不改色地說道：

「嗯，也有不少人認為，只有擁有核武器才能保障國家安全。確實，目前外交處境嚴峻的國家也紛紛開發核武器。」

「外交處境嚴峻的國家，是指可能會遭受鄰國攻擊的國家吧？印度和巴基斯坦也是因為這樣才開發核武的吧？」

大樹用手指在地球儀上從中國向左滑動。

「是啊，**其實美國與中國一直對日本可能擁有核武這件事保持警惕**，考慮到日本為了在國際社會上生存，擁有核武似乎也是合理的。而對日本來說，擁有核武並不算是一件難事。實際上，核能發電所使用的放射物質完全足夠用於製造核彈，比起擁有大量軍隊，製造核武還來得便宜一些。」

「大家原來是這樣看待日本的啊！但這種事情絕對不會發生吧？之前不是說到那個，什麼不聽、不說之類的。」

「是『不擁有、不生產、不引進』，你到底要到什麼時候才能記住啊？我也這麼覺得，日本是被原子彈炸過的國家，大家一定都會強烈反對核武的。」

「說的沒錯。但是試想一下，如果將來原子彈爆炸的受害者們相繼離開人世，情況又會變得如何呢？作為受害者的當事人，與不曾經歷原爆的人想法還是不同的。隨著時間推移，人們牴觸核武的情緒也許會逐漸減弱。而且，假設日本遭受某個國家的攻擊，還出現犧牲者，在這種情況下，以核武器武裝自己，用自身的力量來保護日本……這樣的意見高漲也不足為奇。如果因為其他國家的攻擊而失去自己的家人呢？如果在電視上看到孩子們犧牲的畫面呢？你們能斷言自己在經歷這些事之後，還能完全不為所動嗎？」

「可是……可是那種事我一點也不想去想像。」

小杏低下頭沉默不語，海賊先生用溫柔的聲音對她說：

「沒錯，我也反對擁有核武。但是，眼前的理所當然，不等同未來也會如此。即便是那些令人討厭、頭痛的問題，我也希望你們不要逃避，好好地思考。」

「等一下，我想起來了。剛剛說要靠自身的力量保護日本，那作為同盟國的美國呢？他們會不會保護日本？」

「哥哥，什麼是同盟？是跟我們關係很好的意思嗎？」

「沒錯，就是在關鍵時刻會挺身與我們一同戰鬥的意思。」

「正如同大樹所說，日本與美國是同盟國家。結盟就意味著，把對盟國的攻擊視為對自己的攻擊，與盟國一起戰鬥。至於這具體而言意味著什麼，看看地球儀就能了解了。」

「遠交近攻」戰術

「你們確認一下地球儀上美國、中國和日本的地理位置，再把視線移到太平洋的正中央。」

「你說的正中央，是指這一帶嗎？」

大樹稍微轉動地球儀，將手指滑向夏威夷以南的區域。

「沒錯，如果站在太平洋的正中央環視整個地球，會看到什麼景色？」

大樹拿著地球儀的支架，將整個地球儀舉起來，盡可能把臉湊近海賊先生所指的地方。

「嗯，不管往哪個方向看，看到的都是海洋。」

「什麼！什麼！我也要看！」

大樹把地球儀遞給小杏。塑膠材質的地球儀十分輕巧，單手就能舉起。

「除了海洋，你們還看到什麼？看到日本和美國了嗎？」

「只能看到一點點邊緣。」

「真不愧是世界上最大的海洋！」

「沒錯。如果是以日本為中心的地圖，人們的視線只會停留在太平洋東側，而不會看到整個太平洋。」

海賊先生順時針轉動地球儀，並將手指滑向美國，接著用桌上包裝貨物用的繩子將東京和舊金山連接起來。

「從日本到美國的距離是這樣，大概相距八千兩百公里。」

這次，海賊先生將壓在美國的那一端繩子往反方向一轉，壓在中國附近的區域，剩餘的繩子比剛剛多出許多。

「另一方面，這裡是中國上海，距離東京不過一千七百公里，這樣一看就能知道，美國距離日本其實很遠。」

「真的是這樣耶，雖然本來覺得這是理所當然的事。」

「不過這麼一看，美國真的好遠呀！」

「是啊，有些事情你以為自己已經理解了，但其實了解得並不透徹。」

說完，海賊先生拿起桌上的鋼筆，在旁邊的紙上寫下「遠交近攻」這四個字。

「古時候的中國有句話叫『遠交近攻』，顧名思義就是**與遠方的國家交好，攻打鄰近的國家，藉此防範侵襲**。從前的秦朝使用了這個戰術，一個接著一個攻下周圍的國家，並且統一中國。這可以說是王道戰術，但如果應用在日本又是如何呢？」

「與遠方的國家友好相處，也就是與美國結為同盟、對抗鄰近的中國嗎？」

「沒錯，而且美國是世界最強的國家，如果能與美國建立友好關係，中國也就不能對日本為所欲為了。」

海賊先生分別指向地球儀上的美國與中國。

「說到離美國很遠的國家，中國也是吧？但你是不是說過，中美兩國現在的關係不算友好？」

「確實是這樣。而且這個情況對日本來說並不是件壞事。對美國而言，與中國的關係越差，就越有可能動用武力，而鄰近中國的盟國日本就會是值得感激的存在。對中國而言，與美國作戰的可能性越高，就越是不能忽視近在咫尺的美國盟國日本的存在。」

「那麼，如果美國與中國交好，日本會怎麼樣呢？」

「如果這兩國的關係變好，夾在他們之間的日本就麻煩了，即使中國與日本發生領土糾紛，美國也不會那麼在意。更不用說，如果美國和中國一起來找碴，日本就會面臨垮台的危機。」

「也可以說，日本的遠交近攻，是建立在美國和中國交惡的關係之上。」

國家的位置決定外交關係

「國家之間處得好不好，就好像班級裡的人際關係一樣喔！」

「比喻得很妙。人際關係也好，國與國之間的關係也好，其實沒有太大的區別。無論多麼強大的人，如果周圍都是敵人也會輸。反之，就算不是那麼強大的國家，當周圍國家發生糾紛時，只要與強大的國家相處融洽，就能好好生存下去，因此，**最重要的是不要樹敵**，一旦有了敵人，一定會被周圍的國家利用。最好跟最強大的國家建立友好關係，此外，就算周圍國家彼此關係不太好，還是要與這些國家有某種程度的交情才是理想狀態。」

「你的意思是，日本也應該與領土紛爭不斷的中國建立友好關係嗎？」

「讓關係惡化到無法協商的地步，並不是很明智的做法。即便美國要求日本對中國採取更強硬的態度，如果日本對美國所說的一切都言聽計從，那麼日本在美國心中的價值就會下降。而且，中國與美國不同，是日本的鄰國，如果中國成為主要的敵人，其實對日本來說問題更大。」

海賊先生轉動著地球儀，接著說：

「如何周旋在美國與中國之間生存下去，是日本和世界上大部分國家的煩惱。與中國地理位置相距甚遠的國家，因為比較少受到中國的威脅，所以跟中國的關係比較好，因此，歐洲國家更容易與中國建立友好關係。」

「咚、咚」，海賊先生在地球儀上移動著手指。

「另一方面，對於地理位置相對靠近中國的國家來說，中國是一個可能會攻打過來的可怕存在，為了不讓中國得逞，許多國家都會與美國友好相處以對抗中國，比如印度與越南。因此**國家的地理位置決定了該國的外交立場**。」

「中國與美國的關係是全世界的問題，那麼，在南海問題上，美國與中國究竟誰對誰錯呢？」

海賊先生將身體微微前傾，回答：

「這個問題取決於從什麼角度來看。可以確定的是，沒有哪一方是絕對正確的，也沒有哪一方是絕對錯誤的，只是立場不同罷了。但是，這並不代表世界上完全沒有正義可言。最重要的是在虛心理解自己與對方立場上的差異後，持續思考什麼才是正確的做法。」

「原來如此，在沒有充分了解其他國家的情況下，不能隨意評斷他國的好壞。」

「雖然我還沒去過國外，但我相信世界上每個國家都有值得學習的優點。」

「沒錯。如果你們能以謙虛的態度去學習與了解，世界就會張開雙臂歡迎你們。不是只有自己的國家好，世界上還有很多美好之處。世界就是這麼廣闊、這麼有趣。」

海賊先生一邊這麼說著，一邊轉動地球儀。

第2天的總結

- 核武器只有在具備以下三個條件時，才能成為最強武器：①核潛艇 ②從海中發射出導彈的能力 ③深度足夠且安全的海域。
- 中國的目標是支配③，也就是南海，以及站上與美國對等的位置。
- 與遠方國家友好相處，以應對鄰近國家的威脅，「遠交近攻」是地緣政治中的王道戰術。
- 日本與美國結為同盟，加強對抗中國的立場，也是遠交近攻的一環。

第 3 天

大國的困境

"Predicament of continental powers"

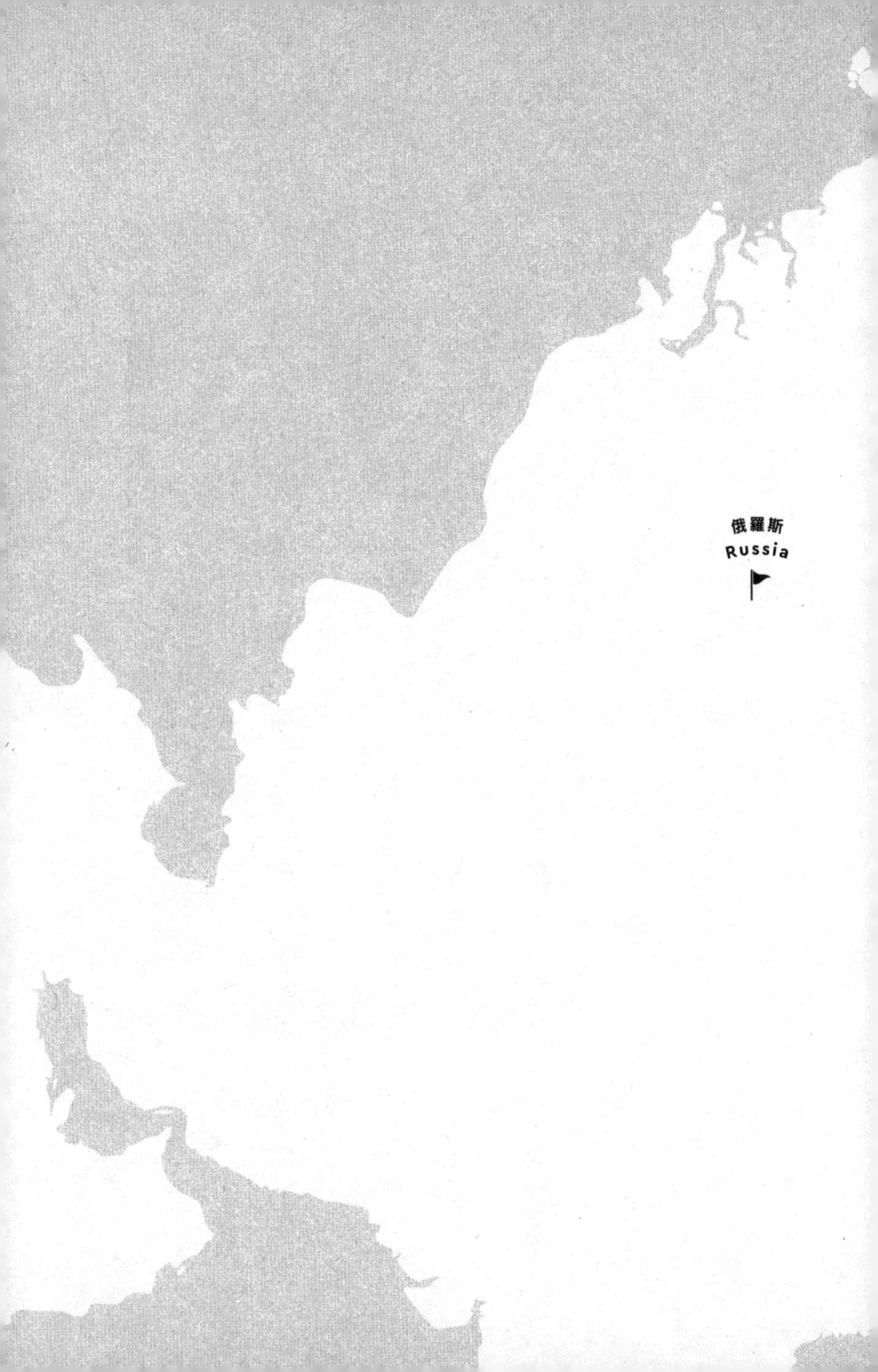
俄羅斯
Russia

全世界面積最大的大陸

「你好。」

大樹和小杏走進海賊先生的古董店，打了聲招呼。寬敞桌面上放著地球儀，海賊先生從後方抬起頭，似乎正在寫些什麼。

「哦！來得真準時。你們好啊。」

「咦，今天那個放在桌上啊？」

小杏指著桌上的「Diplomat」地球儀，它與平常用的單軸地球儀一起擺在桌上，茶具也已經準備齊全了。

「如果一直放在櫥窗裡，地球儀會曬傷的。這個『Diplomat』是二十世紀初製作的地球儀，機會難得，我想把古董地球儀跟現在的地球儀放在一起比較一下。」

「可以摸看看嗎？」

「可以啊。」

大樹輕輕撫摸「Diplomat」地球儀。它被厚重的木框支撐著，轉動起來意外地順暢。

「我也要！我也要！」

小杏毫不客氣地轉動「Diplomat」。

「小心一點！弄壞可是要賠償的。」

「哥哥，你說得好像這是你的東西一樣，說不定這個地球儀會是我的呢！」

「你哪一點贏得過我？要說我們兩個誰能得到這個地球儀，無庸置疑會是我。」

「你就不能對可愛的妹妹好一點嗎？」

「如果我有可愛的妹妹的話。」

「兄弟姐妹要好好相處呀！等你們其中一個人得到再說吧！」

海賊先生分別為兩人端上冒著熱氣的茶杯，作為請他們坐下的暗號。

大樹目不轉睛地盯著「Diplomat」說：

「兩個地球儀放在一起比較後，我發現以前的地球儀果然和現在的不一樣耶！從前的韓國變成了日本。」

「而且國家的數量好像也比較少。」

「真的耶！以前地球儀上的國家分布看起來好像比較簡單。」

「據說在一九〇〇年，世界上的國家數量大約是七十八個，而現在已經超越一百九十個。在這一百多年以來，國家數量大概增加了二・五倍。對比一下兩個地球儀就可以知道，全世界在這一百年內經常重新劃分領土。」

「是指發生過很多戰爭的意思嗎？」

「嗯，真是令人悲傷。今天就讓我們一邊看著地球儀上的國界，一邊思考彼此相連的國家之間是如何相互往來的。大樹，你知道世界上最大的大陸是哪裡嗎？」

「當然，是歐亞大陸。」

大樹立刻回答，接著用手指在單軸地球儀上畫了一個大圓圈，把中國、印度、俄羅斯、歐洲等地方圈起來。

「哇！那不是幾乎一半的陸地都屬於歐亞大陸了嗎？」

「是啊，**歐亞大陸大約占世界陸地面積的四成**。」海賊先生點點頭說道。

「小杏，順便告訴你，歐亞大陸的英文（Eurasia）取自於歐洲（Europe）的字首（Eur）以及亞洲（Asia），是把歐洲與亞洲這兩個字結合在一起的單詞。」

「是！是！是！哥哥真是學識淵博啊！」

海賊先生轉動地球儀，讓兩人可以同時看到被北極海、太平洋與印度洋圍繞的歐亞大陸東側。

「那麼，在最廣大的大陸——歐亞大陸上，最大的國家是誰呢？」

「這個我也知道！是俄羅斯！它不只是歐亞大陸上最大的國家，應該也是世界上最大的國家吧？之前好像提過那裡的氣候很寒冷。」

「沒錯，一言以蔽之，俄羅斯是個廣大又寒冷的國家。雖然面積比日本大四十倍以上，但是也因為氣候寒冷，有七成的土地不適合人類居住。以前我搭乘世界最長的西伯利亞鐵路時嚇了一大跳，從日本海沿岸的海參崴前往莫斯科大約花了一個星期，每一天透過車窗看到的都是空無一人的西伯利亞原野，廣闊得令人絕望。」

海賊先生用手指在「俄羅斯」的陸地上比劃著。

「光是想像就能感受到它的規模有多大。」

「是啊，它的規模能用『大』一個字來總結。那歐亞大陸上第二大的國家是誰呢？」

「應該是中國吧？從地球儀上來看，中國的面積比想像中還大，而且沙漠好多喔！」

「沒錯。地球儀上黃色的部分是沙漠，大部分不適合人類居住。即便如此，中國還是有十四億人口，是日本人口的十倍以上。」

國界是什麼？

海賊先生喝了一口紅茶後說：

「今天我們先來看看中國與俄羅斯。你們看這兩個國家在地球儀上的分界線。」

「這兩個國家的領土相接，國界是在陸地上，不像日本以海為界。」

「中國和俄羅斯之間的國界長什麼樣子呀？是用牆壁和柵欄之類的東西區隔嗎？」

「不是，**其實這條國界上大部分的區間什麼都沒有，只有零星幾個能進出兩國的地方，有些旅行者會從這些地方出入境。**在俄羅斯還是蘇聯的時候，它與中國之間的國界全長為七千三百公里，是當時世界上最長的國界，這個距離坐飛機也要花費大概九個小時，路途漫長得十分可怕。」

「那麼，不就可以從那些什麼都沒有的地方隨意出入各個國家嗎？」小杏問。

「是這樣嗎？第一天談到貿易時，海賊先生說過俄羅斯北部十分寒冷，幾乎沒有人居住吧？而且過境應該很麻煩吧？」大樹也問。

「國界確實不是完全不能隨意出入，不過大樹說的也對。你們知道兩塊陸地緊緊相連

歐亞大陸各國的國界

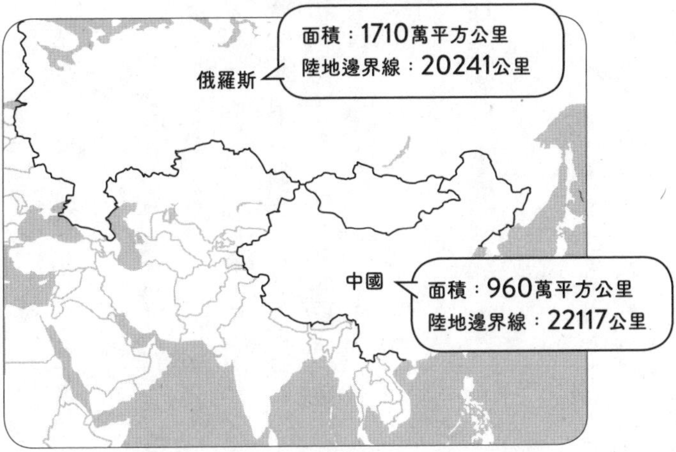

的國家之間，會演變成什麼關係嗎？」

「嗯……既然兩國緊緊相連，應該可以融洽地相處吧？啊！不過鄰居之間好像也會發生各式各樣的爭執，就像我跟哥哥一樣。」

「那是因為你的個性太霸道了。不過，大家應該都想跟鄰國保持良好的關係吧？」

「沒錯，如果關係不好，或者是在領地發生衝突時，雙方勢必都要花大筆的錢在國境安置士兵，互相對峙。如果有必要，還會建造巨大的牆垣保護國家，但是沒有國家有那麼多資金與人力。古代的中國雖然建造了長達幾千公里的長城，不過也為此耗費大量金錢與勞力，導致朝代的滅亡。」

大樹對比了新地球儀和「Diplomat」，問道：

「過去和現在的國界形狀不同，是因為發生過領土糾紛嗎？」

「沒錯。中國和俄羅斯也曾因為領土而差點爆發大戰，但是雙方認為『這麼做對彼此都不好』，最終總算和好了。而導致衝突的國界和領土範圍，也在雙方的協商下重新決定，消除了日後可能會發生糾紛的導火線。隨著兩國的關係逐漸融洽，也不再需要花費太多金錢和人力守衛國界，彼此都更輕鬆了。」

「也就是說，鄰居之間只有和睦相處這一條路了。」

小杏斜眼瞥了大樹一眼。

為什麼要不斷擴張領土？

「我想問一個簡單的問題，俄羅斯和中國都是領土非常大的國家，為什麼要拘泥於那些小小的領土？這兩國之間的國界十分寒冷，管理也不容易，為何大家還是想爭奪那些土地呢？」

「你的意思是說，領土稍微大一點的國家，不需要太拘泥於領土的大小，對吧？但事實並非如此，國家越大，越會想要擴張領土。」

海賊先生稍微移開單軸地球儀，在桌子正中央放上一張白紙，用紅色簽字筆在紙上畫了一個小圓圈，接著問兩人：

「假設這個紅圈是你的領土，周圍被其他國家所包圍。為了保衛自己的領地，就得攻占其他國家，將周圍的土地據為己有。」

海賊先生接著在紅圈外畫了一個更大的紅圈，說：

「如此一來，裡面的圓圈就安全了。但由於新占據的領土也被其他國家環繞著，所以還不算安全。歷經千辛萬苦，犧牲許多士兵的性命，好不容易才攻下的領土，自然不希望被其他國家奪取。那麼，這時應該要怎麼做才好呢？」

「再次向外擴張，讓更外側的土地也變成自己的領土嗎？」

「是啊。為了保護自己，避免迄今為止的辛苦付諸流水，就會想要繼續占領周圍的其他土地。即便無法占為己有，也要讓他們對自己言聽計從，最後甚至會想把這整張紙全部變成紅色。」

海賊先生接著在紙上畫了一個又一個更大的紅圈。

「所以俄羅斯爭奪日本北方的領土也是相同的意思吧[2]？明明只是一個小島，俄羅斯卻不想歸還給日本。」

「沒錯，就是如此。」

「等一下！為什麼不在攻擊或奪取周圍國家土地之前，先建立友好關係呢？鄰居之間和睦相處不是比較好嗎？」

小杏用手敲了敲畫著紅圈的紙張。

「說的沒錯。但是就算我們希望和睦相處，對方也不一定想和我們建立友好關係，同時也會疑神疑鬼地懷疑我們是不是要攻占他們的土地。陸地相連的國家很容易遭受其他國家進攻，所以這種情況更是嚴重。」

海賊先生在紙張的右上角用黑筆畫了一個小圓圈。

「但是，在黑色圓圈這個國家眼中，又是怎麼看待不斷變大的紅圈呢？」

「應該會覺得很可怕，害怕有一天會輪到自己被占領。」

「沒錯。**即便紅圈國家是為了保護自己才擴張領土，但周圍的國家卻會認為他們是想要發起攻擊的危險分子**。俄羅斯奪取克里米亞半島，以及中國奪取南海島嶼等行為，都讓周圍的國家產生這種心理作用。其實第二次世界大戰前的日本也是如此。」

海賊先生將「Diplomat」拉到桌子正中央，用手指在地球儀上的「日本」周圍畫一個大圓圈。

「你說的是在第二次世界大戰之前，日本將朝鮮占為己有的時候嗎？」

「對，而且為了保住到手的領土，日本甚至還往中國擴展勢力範圍。」

「因為是歷經千辛萬苦才得到的土地，所以日本也很執著吧？」

「嗯，但是日本無論怎麼擴張領土都無法安心，這種心態一直持續到二戰戰敗、整個國家瀕臨滅亡邊緣之際。」

「為了守住到手的土地而打仗，是嗎？」大樹若有所思地說道。

「為了保護領土，所以才一直戰鬥下去嗎？真是令人難過。那該怎麼做才能與這些國家和睦相處呢？」

「必須相互信任，也就是與對方建立信賴關係。但是維持信賴關係比想像的更困難。

2 這裡指的是位於北太平洋上俄羅斯西部與北海道北方的庫頁島，目前由俄羅斯管轄。

例如，如果鄰近的兩國曾經發生戰爭並且造成人民死亡，那麼雙方的信賴關係就會大受打擊。一般來說，一個國家受到攻擊時本來就會抵抗，因此產生衝突。此時，進攻的一方會認為『他們果然是敵人啊！』，矛盾因此加劇。即便兩國想要維持和平狀態，但只要過去受過傷害的記憶還殘留在人們的腦海中，未來就還有可能再次發生衝突。」

「和平的世界說起來簡單，要實現卻相當困難呢。」

「確實如此，中國和蘇聯都在第二次世界大戰時遭到侵略，死亡人數遠超過一千萬人，是日本的四倍以上，所以他們變得不再那麼信任其他國家，並且試圖靠自己的力量維護國家的安全，也因此往往無法與周圍國家和諧相處。這些對外強勢的國家，有時內部也有很大的問題，所以想藉此轉移人民的注意力。」

什麼是少數民族？

「俄羅斯和中國都有很多民族。據說俄羅斯有一百九十個民族，而中國有五十六個。所謂民族，就是使用相同的語言，有著相同習俗、宗教、歷史的群體。」

「所以說這些國家裡住著語言和文化不同的人嗎？」

「沒錯。世界上有些民族擁有自己的國家，而有些則沒有。整體來說，沒有自己國家的民族更多，這就是所謂的少數民族。」

「好難想像。」

「日本也有少數民族喔！日本人口中人數最多的是大和民族，其他還有琉球族和愛努族。小杏，你應該也聽過這些民族吧？」

「印象中，世界上好像還有很多少數民族。」

海賊先生轉動單軸地球儀，手指繞著俄羅斯和中國轉了一圈，說：

「這些少數民族中，也有人希望將來能擁有自己的國家，脫離原本所屬的國家。」

「擁有自己的國家？少數民族好像有時會受到歧視，對吧？」

「這樣好了，舉個例子來說，你們的父母是怎麼樣的人呢？」

「我爸媽嗎？爸爸、媽媽都是普通的上班族。」

「他們好像不太在意細節，只要我們做好自己本分內的事。雖然我有一個學期因為成績太差而被他們罵了……」小杏聳了聳肩。

「原來是這樣啊。雖然這個例子對你們優秀的父母來說有些失禮，但是大樹，請你想像一下，如果父母經常對你說一些過分的話，不給你吃飯，讓你挨餓，然後對你說『小孩子不要問這麼多，聽父母的話就對了』，面對這樣的家庭，你會怎麼做呢？」

「嗯……我應該會想要盡快離開那個家吧！」

「我想也是。小杏，如果哥哥離家出走，只剩下你遭受這種對待，你會怎麼做呢？」

「如果有錢，我當然也想搬出去一個人生活，我不希望父母幫我決定一切。而且只有哥哥逃離那種生活，未免也太狡猾了。」

「沒錯，擁有少數民族的國家也是如此。如果國家政府對少數民族太差，他們就有可能脫離原本的國家獨立。而且，一個民族獨立後，其他民族也有可能爭相跟著獨立。」

為什麼會有獨立運動？

「獨立不是一件好事嗎？」

「而且少數民族也能因此受到正視。如果擁有自己的國家，就不用再遭受歧視；自己的語言成為國語，生活也會變得容易一些。最重要的是，獨立後就能夠自主決定自己的事。但是從所屬國家的角度來看，情況就大不相同了。國家可能會因此四分五裂，所以政府拚命阻止少數民族獨立。那麼，要怎麼建立一個少數民族願意居住的國家呢？」

「嗯……應該是創造一個能讓少數民族生活富裕，不會因為貧窮而挨餓的國家。」

「沒錯。可以透過改善經濟來挽留少數民族。對一般人民而言，就算獨立了，如果生活貧困又毫無希望，擁有自己的國家也沒有任何意義。」

「不欺負、不歧視少數民族！」

「這個答案也沒錯。就算生活富足，如果國家做出傷害少數民族自尊心的事，例如禁止他們說自己的語言或是醜化少數民族等等，都會讓他們不願意在那樣的國家生活。因此重視少數民族的語言、歷史、習俗相當重要，也就是說，不只是物質的富有，心靈的滿足也十分重要。」

「我好像能理解，畢竟人都有自尊心。」

聽完大樹的話，海賊先生語氣認真地說：

「除了改善國家的制度和氛圍，還有一個方法可以把各式各樣的民族留在自己的國家，那就是『暴力』。」

「你是指出動警察和軍隊嗎？」

「沒錯。意見、立場和政府不同的人，一旦被槍指著頭，也不得不聽命於政府了。因此，某些國家在必要時刻也會用槍射殺那些不聽話的人。為了獨立而在街頭示威的人遭到槍擊致死，這類事件在世界上並不算罕見。」

「只是因為示威就被殺害嗎？會不會太過分啊？」

「是啊，這種事在日本可能很難想像，但在很多地方，試圖分裂國家的行為是可以判處死刑的罪行。至於判斷是非的標準，也因為國家而有所不同。」

「少數民族想要獨立，而國家卻不想讓他們離開……嗎？」

「是啊。**想獨立的離心力，與想阻止他們的約束力，這兩種力量總是不斷地拉扯，離心力越強，約束的力道也就會越強**。我們根據這個理論，再來看看俄羅斯的問題。」

海賊先生轉動地球儀，指向土耳其上方的區域。

「這是車臣共和國，當地少數民族車臣族的獨立運動，最後就演變成了戰爭。車臣族的獨立運動自一九九〇年起持續了很長一段時間。後來，俄羅斯總統普丁先是派軍隊徹底打擊獨立派，試圖用暴力留下車臣族，接著又投入大量資金改善當地人的生活來抑制獨立運動，進行經濟上的挽留。於是，車臣後來成為俄羅斯聯邦轄下的自治共和國，而脫離俄羅斯的獨立運動如今也幾乎消失了。」

每年花費數千億美元「維穩」的中國

海賊先生以順時針方向稍微轉動單軸地球儀。

「現在來聊聊中國。中國為了維持國內和平所花費的金錢，也就是所謂的維穩費用，每年都不斷增加，目前已知的金額已經超過二一〇〇億美元（約新台幣六兆元）。**也有人認為，中國在維持治安上的花費，甚至比保護國家不受外敵侵擾的國防費用還多。**你們覺得這代表什麼呢？」

「代表約束人民的力道越來越強嗎？」

「也就是說，很多人民不滿中國政府嗎？」

「沒錯。大樹，你認為現在的中國算是富裕的國家嗎？」

「嗯，中國是僅次於美國的第二大經濟體，應該算是富裕的國家。」

「是啊。五十年前的中國是一個非常貧窮的國家，後來，因為經濟發展起飛，人民的生活和以前相比變得十分富足，每年都比以往更加富裕，而且一直維持著這個狀態。然而，最近中國經濟成長的速度卻不如從前了。」

「不過，這和少數民族有什麼關係？」

「中國國內存在著歧視。**在經濟成長的過程中，少數民族容易被排除在外**，變得比從前更加貧窮的情況也不在少數，因此他們對政府的不滿也就越來越強烈。」

「政府試圖壓制少數民族而招致反抗，所以政府的鎮壓和少數民族的抵抗形成了惡性循環，是嗎？」

「沒錯。中國施加最多壓力的地方，就在這一帶。你們知道新疆維吾爾自治區和西藏自治區嗎？」

海賊先生指著地球儀上中國的西部地區。

「以前好像聽說過。」

「說到新疆維吾爾族，我聽說他們遭受很多過分的對待，不只被關進『再教育營』，甚至還遭受暴力對待。」

「什麼！簡直太過分了！咦，『Diplomat』上西藏地區的顏色和中國不一樣耶！也就是說，當時西藏並不是中國的領土嗎？」

小杏看著「Diplomat」問道。

「沒錯。新疆和西藏在歷史上有很長的時間並不屬於中國，因此這些地區對政府的反

新疆維吾爾自治區的面積約占中國全境的兩成

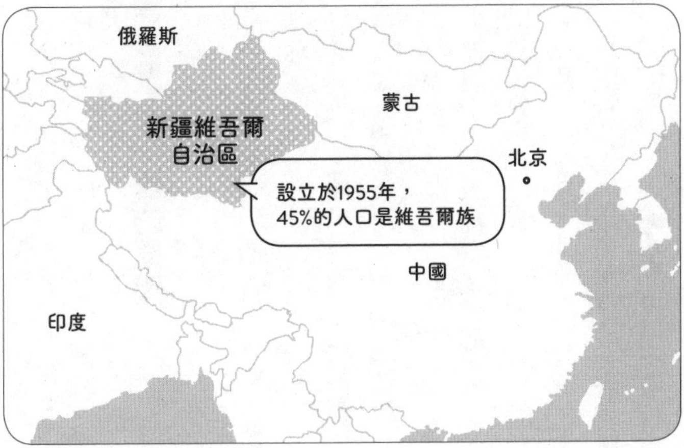

抗也更加強烈。此外，新疆受到的壓迫也跟維吾爾族是伊斯蘭教徒有關。」

「是因為宗教歧視嗎？自古以來很多地方都有宗教歧視。」

「是啊，信仰不同的影響非常大，中國政府對維吾爾族的不信任日漸加深，最後演變成將不同於自己的事物視為叛逆，企圖徹底摧毀國內的伊斯蘭教以及新疆的文化和語言。」

「可是，那樣不是會讓少數民族更加憤怒嗎？」

「對啊，但中國似乎認為，不論多麼強烈的反抗都能用暴力徹底平息。」說完，海賊先生用力嘆了口氣。

「他們就算被欺負了也無法逃走，是

嗎……」小杏也嘆了口氣。

中國設置監視器的原因

「近年也出現了一些可以抑制人民離心力的方法，就是利用ＩＴ技術與人工智慧來管理情報。」

「海賊先生之前也說過情報很重要，對吧？」

「沒錯。因為網路、人工智慧以及監視器等技術的進步，現代政府也能更加鉅細靡遺地監控人民。」

「聽說中國到處都安裝著監視器，透過監視器的人臉辨識功能可以更有效地逮捕罪犯，因此犯罪率也降低了。如果治安變好，人們或許會願意繼續生活在中國。」

「聽起來很不錯，要是日本也能這麼做就好了。」

「利用新技術維持治安當然有許多優點，但是也有壞的一面。例如，如果人民的生活因此受到監控呢？中國政府可以用這些技術看到人民智慧型手機上的訊息、搜尋紀錄、所在位置等資訊。政府會對人民的聽話程度打分數，如果分數太差，甚至連旅行、購物等行為都無法隨心所欲。而且一旦被政府盯上，手機可能會被安裝奇怪的程式而變成竊聽器或監視器。也就是說，**裝設監視器不僅是為了維護人民的人身安全，也是為了減少人民反抗政府的行為。**」

「這樣聽起來似乎不是什麼好事。」

「是啊，而中國卻認為可以透過這些行為防止人民反抗。」

「原來監視器在大街上隨處可見也有缺點啊。還有其他國家也這麼做嗎？」

「除了中國，許多想平息國民不滿的國家也安裝了監視系統。如果日本也變成那樣，你們會怎麼想呢？」

「我絕對不要！爸媽也常說要小心自己的個人資料被他人惡意利用。我不能接受自己的資訊全被他人看光光。」

「沒錯。技術本身並沒有好壞之分，能否有良好的結果，取決於使用方式，以及我們如何與新科技共處。就算是中國強大監視系統背後的技術，如果使用得宜，說不定能在不損害國民自由的情況下減少犯罪，也能有效對付未知的傳染病。」

海賊先生嚴肅地摸了摸鬍子，繼續說道：

「然而，那些為了自身利益使用監控技術的政治人物，則會在發生恐怖攻擊、或大家都十分害怕時，說出『為了守護大家的安全，應該啟動監控系統，不犧牲一點自由是沒辦法得到安全的』。」

「聽到這種話，確實會覺得受到監控也無可奈何。」

「接著，那些政治人物就會引進監控系統監視國民，讓自己永遠處於崇高的地位。但是，自由與安全本來就不是對立的，比起犧牲其中一方，更應該以同時提升自由與安全為目標。」

為什麼要發動戰爭？

「但是，就算我們這些普通人民認為政府不該竊取情報，又有什麼辦法呢？我們又不能違抗國家。」

「不，我們不是有選舉嗎？選舉是為了把國民的心聲合法傳達給政府，只要在投票時選出不會做這種事情的政治人物就好了吧？」

「大樹，你說的沒錯。但是中國選拔領導人的方法與日本的選舉有所不同，基本上，中國人民並不是透過投票選出領導人。」

「咦，是這樣嗎？我覺得日本的選舉制度很好，可以把票投給覺得不錯的人，如果那個人做得不好，下次選舉時不要投給他就好了。」

「日本的情況是這樣沒錯。小杏說的國民透過選舉選出代表的機制，就是所謂的民主主義。因為是自己選擇的政府，所以人民才會願意信服。那麼在其他非民主主義國家，當人民無法接受目前的領導人時要怎麼辦？像法國大革命那樣嗎？」

「我記得法國大革命中，人民殺死國王，才將法國變成民主國家，對吧？」

「沒錯。當時的國王、王妃和王室貴族們都被送上斷頭台，換句話說，人民用暴力誅殺了領袖。在有選舉制度的國家，失敗只意味著失去權力，然而在沒有選舉制度的國家，失敗往往代表死亡。**民主主義的好處在於，不必動用暴動和斷頭台也可以更換領導人。**」

「那麼，在沒有民主制度的中國，領導人是不是會認為，自己做得不夠好就會被人民殺害？」

「那是一定的。所以，領導人必須拚命想辦法存活下去。」

「中國也可以改用民主主義呀？」

「但是實際上，真正實行民主主義的國家並不多。而且，不一定要採用民主主義才能使人民服從。大樹，你知道毛澤東是如何當選的嗎？」

「毛澤東是誰啊？」小杏問。

「他是建立中華人民共和國的人。至於他是怎麼當選的……因為他是開國元勛，所以從一開始就是領導人。」

「沒錯，毛澤東是在戰爭中獲勝並且建立國家的領袖。他以壓倒性的成就使人民信服，因此成為中國領導人。」

「那在他之後的領導人呢？」

「是鄧小平嗎？」

「沒錯。鄧小平是政治人物，也是在戰爭中立下汗馬功勞的軍人。鄧小平後來任命江澤民和胡錦濤作為繼任者，因為是由擁有戰功的鄧小平所選，這兩人也因此得到人民的認同。此外，中國也在鄧小平之後的時代變得越來越繁榮。」

「這就是所謂的領袖魅力吧？」

「對了，法國的拿破崙也是憑藉著身為軍人的領袖魅力而成為皇帝的吧？」

「對啊，這樣的例子出乎意料地多。在戰爭中獲勝，更容易讓國民認同自己是合適的領袖。而最近也有些領導人試圖透過贏得小規模戰爭來獲得領袖魅力。例如俄羅斯總統普丁奪取了烏克蘭的克里米亞半島，聲望因此急遽飆升。我認為，中國領導人一直想攻下台灣也是基於相同的原因。」

「竟然為了這個理由而發動戰爭，真是太過分了！」

「是啊。而且，近年來中國的領導人既不曾在戰爭中獲勝，也不是由具有領袖魅力的領導人所挑選，為什麼人民卻依然認同他們的領導者呢？與以往的領導人相比，這真是難以理解。」

「這樣一來，如果生活水準越來越差，人民對領導人的不滿也會日益增長吧？」

大樹交叉雙臂說道。

將槍口指向記者的國家

「此外，即使在民主國家，也有在選舉中作假、將反對政府的人殺害或關進監獄，好讓自己在選舉中更有利的情況。例如在俄羅斯，政治人物在選舉前用各種手段壓制反對派，使對方無法參選的情況不在少數。」

「那樣不就失去選舉的意義了嗎？」

「你說的沒錯。但實際上，全世界還是有很多領導人用這種方式維持自己的地位。」

海賊先生摸著地球儀說道。

「但是用這種方式選出來的領導人，可以得到周圍國家的認同嗎？國與國之間如果要和睦相處，互相信賴不是很重要嗎？」

「是啊。這些領導人當然也會感到不安，因此他們想盡辦法將不便公諸於世的事情隱藏起來，只要外界不知道，不管做了什麼壞事也不會受到世界各國的譴責。」

「啊！所以才需要剛才說到的監控機制嗎？」

「沒錯。他們為了防止人民將國內的情況傳遞給全世界，嚴格限制人民使用社群媒體的自由。此外，還有一個方法能控制情報外流，那就是阻礙記者的工作。」

「記者是指在報章雜誌或是電視媒體公司工作的那些人嗎？」

「沒錯，當記者試圖將國民的不滿這類不便公諸於世的訊息傳達給全世界時，就成為政府的敵人，在這些國家，記者的通話內容經常被竊聽，有的記者甚至被關進監獄裡或遭到殺害。」

「怎麼可能會發生這種事？」

「這確實發生過。但是，再怎麼徹底控制情報，紙還是包不住火。國內的情況即便沒有全部外流，也會暴露出一部分，此時政府試圖隱瞞的行為也會受到批評。總而言之，**將槍口指向記者的國家，早已將槍口指向自己的國民了**。我認為，殺害記者的國家是沒有未來的。」

「中國和俄羅斯跟日本真的很不一樣。明明這兩個國家都是日本的鄰國，只和我們隔著一片大海。」

「那我們要如何跟這些大國相處呢？」

「就像剛才所說的，國與國之間的往來，最重要的是信賴關係。因為各國國情不同，很容易招致誤解，畢竟人們在看待世界時總是以自己的成長環境為標準。無論是中國人、俄羅斯人或日本人，大家都是人類，只是成長環境不同，而大家也只是為了生存下去以及追求幸福而努力罷了。這樣思考的話，就不會有『那傢伙是ＸＸ國人，所以不值得信賴』這種愚蠢的歧視了。」

「聽到這段話，讓我想到和同學、朋友、周圍人群的相處之道好像也是如此。我們應該用心觀察每個人，並努力了解他人。」

海賊先生聽完大樹的話，微微一笑。

「沒錯。然後，信賴關係就會應運而生了。」

「家人也是呀！哥哥，信賴關係很重要，不要太小看妹妹喔！」

被這麼一說，大樹對小杏笑了笑。

「是啊！首先要從留意自己身旁的人事物做起。我會好好加油的。」

第3天的總結

- 與鄰國的陸地國界線越長，越不容易管理，要保衛領土也十分困難。
- 中國等大國的侵略性行動，起因於強烈的自保心理。
- 擁有眾多少數民族的大國，總是極力壓制想獨立或是反抗政府的行動。
- 舉行選舉的好處是，可以在沒有暴力和流血的情況下更換政權。
- 如果缺少在戰爭中獲勝的領袖魅力，很難在沒有選舉的情況下長期擔任領導人。

第 4 天

國家如何生存，又為何滅亡？

"Dismemberment of states"

英國
UK
德國
Germany
克羅埃西亞
Croatia

討厭讀書的小杏

大樹躺在房間的床上讀著間諜小說。自從開始準備考試後，他看小說的機會就變少了。為了尋找線索揭開海賊先生的真面目，大樹從書架上找出幾本書來看。

間諜嗎……總覺得又不太像。從海賊先生了解的知識來看，他似乎是歷史或地理相關的研究人員？或是之前說過的記者？說起來，自己好像不太清楚世界上有哪些職業，而海賊先生提到的也都是大樹所不知道的事。論好奇心，大樹甚至覺得自己不如小杏。接下來的課程內容會是什麼？雖然沒辦法預習，不過學習新知識帶來的興奮感，自己還是第一次感受到。如果通過海賊先生的考試，把「Diplomat」放在房間裡觀察，總覺得自己也會有所改變。

這時，門「砰！」的一聲打開，嚇了一大跳的大樹從床上起身。小杏一臉生氣地站在門口。

「什麼啊？我還以為你在念書呢！沒想到你只是無所事事地躺在床上。我叫你出來吃飯好幾次了，而且今天吃完午飯後要去海賊先生的古董店吧？」

「啊！對不起，我剛才在想事情。」

「咦，這是間諜小說嗎？哥，你該不會覺得海賊先生的真實身分可能是間諜吧？」

「倒也不是，我只是覺得說不定有這個可能性。」

「嗯……看到他的肌肉，我還以為他是環遊世界的冒險家呢！原來他也可能是間諜。對了，那本小說可以借我嗎？」

「可以是可以，但你學校的功課都還好嗎？如果成績不好又要被爸媽罵了。」

「沒關係！我未來想當的是服裝設計師，一直坐在書桌前面發呆也沒什麼用。走吧！午餐都準備好了，收拾碗盤的工作就交給你了。」

小杏說完便瀟灑地走出房間。

失去祖國的朋友

大樹和小杏打開古董店的大門，發現海賊先生站在桌旁講電話，也許正在說什麼有趣的事，海賊先生像個少年一般發出開心的笑聲。

「哥，他們在說什麼啊？你的英文成績不是不錯嗎？」

「我聽不太懂，聽起來不太像英文。」

海賊先生發現兩人後掛斷電話，將手機收進口袋。

「不好意思，讓你們久等了，那是一通老朋友打來的電話。」

「你剛才說的是什麼語言呀？」

「是英語和克羅埃西亞語。請坐，我去泡茶。」

今天桌上也擺著「Diplomat」和一個新的地球儀。

兩人坐在椅子上，各自看著面前的地球儀。

「克羅埃西亞好像在地中海附近。啊！有了，在這裡！」

「地中海在哪裡？聽你這樣說我還是不懂。」

「一百年前地中海附近是什麼樣子啊？借我看一下地球儀。」

大樹轉動小杏正在看的「Diplomat」，尋找克羅埃西亞。

「克羅埃西亞是國家的名字嗎？好奇怪，怎麼找不到。」

「沒錯，當時還沒有克羅埃西亞這個國家。」

海賊先生用托盤端來平時使用的茶具。

「那一帶的國家在過去經常反覆分裂，在更早以前則是奧匈帝國的一部分。而剛才跟我通話的朋友出生在南斯拉夫，父親是塞爾維亞人，母親則是出生在波士尼亞的克羅埃西亞人。後來南斯拉夫發生內戰，分裂成好幾個國家，那時他住在現在的克羅埃西亞，因此成為克羅埃西亞國民。」

「你是指雖然住在同一個地方，但因為戰爭的關係，人的國籍也會隨之改變嗎？」

「這麼說來，第一次世界大戰就是從這個區域開始的，這裡算是發生過不少紛爭的區域吧？」

「沒錯。**戰敗往往意味著國家的滅亡**，國家原本擁有的貨幣再也不能使用，也無法繼續說自己的母語。」

「如果突然要我從今天開始說外語也太困難了！」

「沒錯，但還不只如此。如果新的國界劃在你家旁邊，你的朋友和親戚都有可能變成外國人，你們也有可能再也見不到彼此。在世界上，特別是這一個區域裡，發生過許多類似的事情。」

「海賊先生的朋友也遭遇了一樣的事嗎？」

「是啊。他本來是個性開朗的傢伙，但是在內戰期間卻變得無精打采。」

海賊先生低頭往三人的茶杯裡倒茶。

和平源自於「平衡」

「上次我們看了中國和俄羅斯兩個大國。那麼，今天我們就來思考一下關於歐洲小國的問題吧！」

兩人再次看向單軸地球儀。

「德國和義大利這些大國之間，還有許多小國對吧？啊，我知道奧地利！我在關於瑪麗．安東尼的漫畫中讀過，那是哈布斯堡王朝的所在地對吧？」

「沒錯。奧地利周圍的地區是中歐，以東則稱為東歐。現今的奧地利、匈牙利、波士尼亞與赫塞哥維納（簡稱波赫）、克羅埃西亞、捷克、烏克蘭等國家都曾是奧匈帝國的一部分，在歷經第一次和第二次世界大戰後才形成現在的局面。那麼，這些小國要如何保衛自己國家的安全呢？」

「如果國家的陸地相連，要保護自己不受周遭國家攻擊應該很困難吧？而且周圍有那

分裂為許多小國的東歐

▶第一次世界大戰前

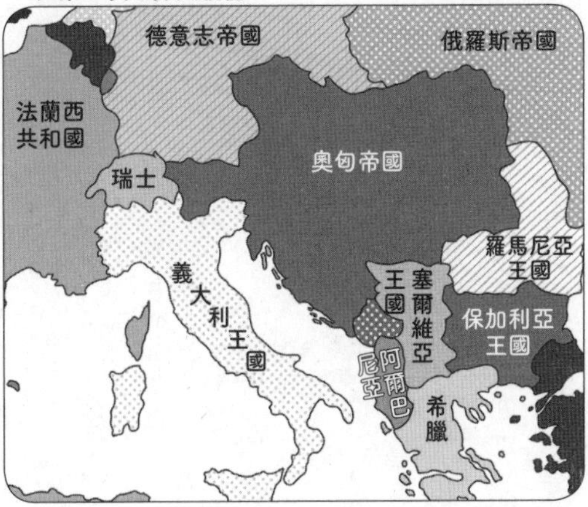

▼
▼
▼

▶現在

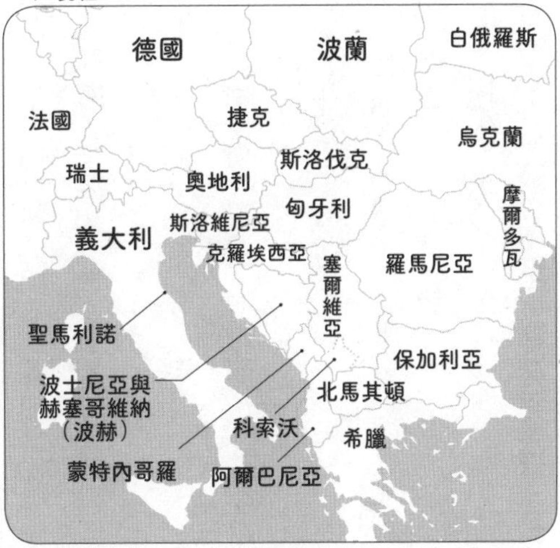

麼多國家，要建立友好的關係也不容易。」

「是啊，所以他們會和其他大國建立友好關係，希望大國們幫助自己保衛國家。你們知道簡稱『北約』的北大西洋公約組織（NATO）嗎？」

「當然知道。如果加入北約，在受到其他國家攻擊時，美國和其他成員國也會與自己並肩作戰，北約就是這樣的同盟吧？」

大樹自信地回答。

「沒錯，你懂的還真多。東歐各國就是透過建立軍事同盟，形成不受俄羅斯、德國等強國壓制的體制。」

「德國嗎？但德國也是北約成員國，應該不會被他們當成敵人吧？」

「看看地球儀就能明白。德國是很大的國家，在整個歐洲地區擁有壓倒性的強大實力，既有軍事力量又十分富有。如果一直依賴這種強國會發生什麼事呢？」

「如果軍事能力強又能保護我們，有什麼不好？各個小國應該都會聽德國的話吧？」

「是啊，但如果對德國言聽計從，就會淪為它的手下。**為了不讓德國壯大並獨占鰲頭，北約中還有美國這個強國，藉此維持各國之間的平衡。**」

「這是之前說過的『遠交近攻』嗎？與遠方強大的國家交好，來對抗鄰近的國家。」

「說的沒錯。你已經充分理解『遠交近攻』這個詞了。**所有和平都是在平衡中產生的。小國就是透過讓數個大國相互競爭，在巧妙的平衡中確保自己的生存空間。**」

「那為什麼會有這麼小的國家呢？和之前提到的少數民族一樣，是因為討厭原本所屬的大國而獨立的嗎？」

「小杏，你記得還真清楚！」

大樹被小杏的記憶力嚇了一跳。

「我還以為你不擅長學習，原來你想做的話還是做得到嘛！」

「前幾天聽到少數民族被欺負的事情，讓我受到很大的衝擊，覺得自己好像終於明白為什麼不能歧視他們了。從今以後，我也要認真傾聽他人的意見，和別人建立信賴關係。」

海賊先生沉默地點點頭，將交握的雙手放在桌上，凝視兩人。

「這一帶是過去的奧匈帝國，其中住著許多民族，各自有不同的語言、文化和歷史。我們之前說過這種國家容易產生離心力，對吧？」

「如果不能接受國家政府的做法，少數民族就會萌生獨立的想法。」

「沒錯。所以國家元首必須妥善平衡各個民族的利益，並確保各民族對國家政府沒有不滿的情緒。發生戰爭時就更不用說了，如果國民不團結一致，是很難在戰爭中取得勝利的。奧匈帝國的滅亡，就是因為身為國家領袖的國王凝聚國民的力量衰弱，導致戰爭失敗。此後每個民族都相繼獨立，因此出現許多新的國家。」

「原來國王就是國家的領袖啊！」

為什麼要有國王？

「對了，必須跟你們說明，國家制度大致分為君主制與共和制兩種。簡單來說，有國王的國家採用君主制，沒有國王的國家則是共和制。」

「說到有國王的國家，我小時候很憧憬王國、公主呢！」

「可是，國王生來就是王室貴族，對吧？仔細想想，這樣似乎有點不公平，為什麼他們可以一出生就那麼了不起？」

「哥，你真是一點都不浪漫！天生就是國王不是很好嗎？如果路邊的大叔突然當上國王不是很奇怪嗎？」

「嗯，小杏說的沒錯。」

海賊先生笑著說。大樹想像著不起眼的大叔戴上皇冠的樣子，也覺得有些好笑。

「出生於王室的命運是自己無法選擇的，也就是說，因為血緣關係而成為國王的情況非常難得。人有時就是會被血脈、命運等看似不合理的東西所吸引。」

「說到命運，就會想到命運般的相遇！哥，你在電視上看過英國皇室的奢華婚禮嗎？他們的禮服都好時髦！」

「有嗎？我沒有印象。」

「王室是人民崇拜的對象，光是這一點就可以成為國家的凝聚力。王室舉行的典禮都十分華麗而莊嚴，看到這些景象，居住在當地的人民也會感到很自豪吧！**如果國民都能在國王的領導下攜手合作，那麼和那些國內有許多分裂勢力的國家相比，更有可能發生好事。**」

「我記得日本的天皇家族是全世界最古老的王室，在世界上備受尊敬。」

「真的嗎？日本好厲害呀！」

「在日本，每當發生災害時，天皇陛下就會到災區視察，新聞中還能看到天皇與大家齊力合作的身影，這樣的舉動在世界上並不常見。每當英國發生危機時，英國女王都會進行演講或與國民互動，進而促進國民彼此合作。無論日本還是英國，維持王室傳統都需要花費金錢，但是卻能帶來遠超越金錢的好處，這也是為什麼王室能歷久不衰。」

「那麼，奧匈帝國會滅亡，是因為他們的領袖不是好國王嗎？」

「嗯，奧匈帝國的滅亡有很多原因，不能一概而論。這個帝國內有許多民族，比起奧匈帝國國民這個身分，更多人認為自己屬於其他民族。」

國王與首相的分工

海賊先生一邊緩慢轉動地球儀，一邊繼續說道：

「世界上也有國王和王室成員在重要時刻用國家的錢四處玩樂、結交許多情人，並利用自己的地位來牟利。」

「那麼過分的國王，應該沒有國民會接受吧？」

「確實，歷史上也經常發生國民對國王的惡政感到憤怒，進而推翻國王的事情。」

「如果沒有國王，國家會變成什麼樣子？我記得奧匈帝國現在好像就變成了奧地利共和國吧？共和國實施的就是海賊先生剛才說的共和制嗎？」

小杏看著單軸地球儀問大樹。

「是啊。在君主制中，國王是國家最偉大的人，但共和制國家沒有國王，所以是由選舉中當選的人來擔任領導人。」

「沒錯。以最偉大的身分對外代表國家的人，就稱為國家元首。對王國來說，這個人就是國王；對共和國來說，擔任這個職務的則是總統。」

「那麼日本的天皇陛下就是元首嗎？咦，日本還有總理大臣吧？」

「從其他國家的角度來看，天皇就相當於元首。不過，元首又分為握有政治權力和沒有政治權力兩種情況。天皇沒有政治權力，負責進行國家的禮儀性事務等工作。天皇擁有代表國家的權威；總理大臣擁有政治權力。從這點來說，天皇與總理大臣可以說是互相分工，共同承擔著代表國家的角色。」

「這麼說來，有些國家同時擁有總統與總理大臣，這也是所謂的分工嗎？」

「是的。德國和奧地利等國家都設有總統來負責國家儀式，總理的任務則是推動政治事務。另外，美國、俄羅斯、韓國總統是由國民透過選舉選出，擁有強大的權力。」

「總統和總理大臣感覺都很忙碌呢！」

「沒錯。總統和總理統領著一國的政治事務，因此非常忙碌。所以，很多國家都另外設有負責國家儀式的元首。」

「那麼，世界上所有的王國中，都有負責政治事務的領袖和國王一起分工嗎？」

「情況因國家而不同，你們知道沙烏地阿拉伯嗎？」

為什麼握有實權的國王變少了？

大樹轉動單軸地球儀，指著沙烏地阿拉伯說：

「是這邊吧？一提到沙烏地阿拉伯，就會聯想到富裕的王室。」

「我知道！像是石油大亨之類的。」

「是啊，在這個國家，威信和權力都由國王獨占。國王去世後，通常會由他的孩子或弟弟繼承為新的國王，而權力也隨之轉移。」

「在沙烏地阿拉伯，政治權力是由出身決定的嗎？國民能接受嗎？」

「嗯，因為國家十分富強，所以當地人民並沒有反抗。沙烏地阿拉伯擁有世界上最多的石油，透過開採石油販售到外國賺了很多錢，它們把賺到的錢用在國民身上，人民的生活改善了，不滿的情緒也因此得到控制。」

「但是，石油是有限的資源吧？如果石油用完了，會發生什麼事？」

海賊先生稍作思考，摸摸鬍子。

「國王的存在方式也必須改變。人民的生活水準變差時，就很難接受國王擁有的權力，這點在任何國家都一樣。如果只有一個人握有強大的力量，他就很有可能利用權力為所欲為。而且，**政治領袖經常不得不扮演令人憎恨的角色，所以也有人認為，政治人物與受到全國國民尊敬的國王，這兩個角色還是分開更好**，因此和從前相比，現在擁有政治權力的國王已經變少了。」

「啊！在電視上也經常聽到『都是政治人物的錯！』之類的話。」

「確實，如果是國王讓人民的生活陷入困境，他們可能就不再受到國民尊敬了。」

「嗯。國家到底適合君主制或是共和制，要根據它的歷史、風俗、地理等許多條件而定，沒有哪個體制是絕對正確或錯誤的。」

分裂成七塊的國家

海賊先生指著「Diplomat」上歐洲的正中央。

「話說回來，奧匈帝國王朝在第一次世界大戰中被推翻，接著出現南斯拉夫王國。在第二次世界大戰中，南斯拉夫王國一度四分五裂，並在二戰結束後成為南斯拉夫社會主義聯邦共和國，這是一個沒有國王的國家。令人驚訝的是，現在這個國家的國土上有七道國界、六個共和國、五個民族、四種語言、三種宗教、兩種文字。」

「真是無法想像。那麼這個國家發展穩定嗎？」小杏眉頭深鎖。

「南斯拉夫社會主義聯邦共和國一直受到建國軍人狄托的獨裁統治，後來只維持不到五十年，可以說建國並不順利，因此現在地球儀上已經看不到這個國家了。」

「狄托和建立中華人民共和國的毛澤東一樣，是曾在戰爭中獲勝、具有領袖魅力的領導人，對吧？」

「沒錯。南斯拉夫的領導人也在戰後改善了人民的生活，所以即使不透過選舉也能讓大家信服。」

南斯拉夫分裂成七個國家

海賊先生指著單軸地球儀上幾個變小的國家說：

「但是這個體制的問題在於，無論獨裁者的領袖魅力多麼強大，人總有一天會面臨死亡。實際上，在狄托死後僅僅十年，南斯拉夫就發生嚴重內戰，國家自此分崩離析。**國家一旦分裂，就無法像過去一樣與外國正常貿易往來，國民的生活水準也會下降。**即便如此，人們依然將自己的民族放在第一順位，這就是國家分裂的原因。當地的民族主義者曾告訴國民：『生活惡化都是其他民族的錯，自己的民族才是最重要的。』這個說法雖然很牽強，但卻非常簡單易懂。」

大樹凝視地球儀，想起與海賊先生通話的人。

「剛才海賊先生提到的朋友，對於國家發生這樣天翻地覆的變化是怎麼想的呢？」

「我想，自己的身分被否定，一定很痛苦。」

海賊先生盯著地球儀，接著說道：

「身分可以塑造一個人對於『我是誰』的認知。他出生於一個多民族共存的國家，並相信大家可以超越民族，以『南斯拉夫人』的身分和睦相處。但是，當地的民族之間卻開始互相仇視，國家四分五裂。而且，周圍的大人更強迫他憎恨其他民族，即便其中有些人是與他關係很好的朋友。」

「海賊先生的朋友真可憐。世界上竟然有那麼荒唐的事。」

「用一個你們比較熟悉的比喻來舉例，這就像是某天日本分裂為關西共和國與關東共和國，而關東共和國的人都認為自己不是日本人而是關東人，因此理所當然地禁止身在關東地區的你們使用關西腔，也教導你們要憎恨關西共和國的人。」

「原來如此，但是日本的關東和關西人都是同樣的民族，應該不太可能發生這種事吧？」

「不，塞爾維亞人和克羅埃西亞人的語言幾乎相同，也沒有種族差異。以前兩個民族之間並不互相憎恨，我的朋友與他的父母在內戰爆發之前，也完全沒想過國家會分裂。這絕不只是個案，光是在二十世紀，全世界就有數億人遭受過這種痛苦。」

為什麼大國人民不擅長外語？

海賊先生指著單軸地球儀上克羅埃西亞附近的區域。

「對於小國來說，為了保護自身安全，某種職業因此變得十分重要，你們猜是哪個工作呢？」

「職業？是總理大臣或是國王之類的國家領導人嗎？」

「是協助領導人的人嗎？」

「是啊，就是輔佐領導人的外交官。外交官可以在國家與外國發生糾紛時，透過協商來解決紛爭。如果能用溝通化解衝突，就不需要打仗了。」

「為了避免戰爭而進行協商嗎？這麼做是因為即便發生戰爭，小國也沒辦法戰勝大國嗎？」

「沒錯。小國不僅軍事實力較弱，在國際會議上也經常受到大國輕視。無論小國的代表多麼聰明、能言善辯，大國代表所說的話總是更受矚目，這就是現實。」

「世界上並不是人人平等的。即使是班上課堂討論中，聲量較大的人或是多數人認同的意見總是能順利通過表決。」

「正因為小國與大國相比身處較弱勢且不利的處境，因此更需要優秀的外交官，因為一旦發生戰爭，小國很難有勝算。為了透過協商來解決紛爭，他們需要絞盡腦汁搜集情報。也因為他們不指望外國人會使用自己國家的語言，因此理所當然地掌握了好幾門外語。例如波蘭外交官之中，會英語、德語、俄語、法語四種語言的人並不少見。」

「好厲害！原來艱困的環境可以造就出優秀的外交官。這個『Diplomat』地球儀的名字『Diplomat』，就是外交官的意思吧？所謂的外交官，就是肩負國家命運，與其他國家進行協商的人，對吧。」

大樹轉動著「Diplomat」說道。想到這裡，地球儀看起來更有威嚴了。

「會說好幾種語言的外交官嗎？好帥氣！海賊先生會說幾國語言呢？」

「我嗎？我去過很多國家，但大部分的語言都忘記了。」

海賊先生笑著喝了一口茶。

「雖然沒辦法學會四國語言，但我想自己最起碼要學會說英文才行。」大樹說。

「咦，哥哥你不會說英文嗎？」

「我的英文成績不錯，寫作應該也有一定的程度，但我沒有去過國外，也沒有好好學過英文會話。」

大樹有些不好意思地回答。

「很多日本人不會說外語，你們覺得這是為什麼呢？」

「因為很難啊！而且日文和英文完全不一樣。」

小杏嘛起了嘴。

「我也這麼認為。還有一點，就是日本人的民族性格比較害羞內向吧。」

「你們兩個說的都很有道理。**但是，日本人不說外語的最大原因，是因為沒有必要。**日本是人口超過一億人的富裕國家，經濟規模位居世界第三。如果公司製造了某項商品，光是日本國內就會有很多人購買，因此多數情況下都有生意能做。如果可以不需要學習外國的語言和文化，大家大概也不會想花費心力吧。」

「可是我經常聽到世界已經邁向全球化，今後我們必須學會說英文才行。」

大樹說完，小杏也用力點頭。

「這是當然。因為無論公司的商品是什麼，販售給一億人或七十億人，可是有很大的差別的。」

「那麼，人口比日本少的小國，就必須努力和其他國家進行貿易了。」

「沒錯。如果只在國內做生意，購買商品的人就太少了。因此小國的企業為了生存，必須以走向世界為目標。」

「因為不會說外語就不能做生意，所以他們才不得不學習外語嗎？」

「那麼大國的人還真幸運，不用學外語也沒關係。」

「其實也不盡然。」

國民英語能力高的國家中，小國占絕大多數
（2021年EF EPI各國英語能力排行）

1	荷蘭	9	芬蘭
2	奧地利	10	克羅埃西亞
3	丹麥	⋮	
4	新加坡		
5	挪威	31	法國
6	比利時	49	中國
7	葡萄牙	51	俄羅斯
8	瑞典	78	日本

海賊先生稍微探出身子。

「**學習外語不僅是了解一個國家的語言，也是了解那個國家的思維及文化，並且透過各國之間的比較，更理解自己的國家。**這樣一來在彼此溝通或商業談判之中，就可以避免將自己國家的邏輯強加於他人了。大國的企業或政府因為做不到這一點而導致協商失敗的情形不勝枚舉，這種情況在美國、中國、俄羅斯、日本等世界各國或多或少都發生過。」

「所以學習英文不只是為了因應全球化社會，也可以開拓視野，對吧？」

「是啊。當國家強大時就不太會為其他國家考慮，這是大國的通病。許多擁有強權的國家之所以做出對眾人不利、不合情理的事，就是因為這個緣故。毫無疑問，日本多少也有這個毛病。」

知識是防止受騙的武裝

海賊先生將單軸地球儀旋轉一圈。

「綜觀世界，人口比日本少的國家占壓倒性多數，而且其中絕大部分都是日本人無法在地圖上指出位置的國家，實際上，大國才是少數派。從地球儀上觀看這些國家，是個很好的機會讓我們來想想生活在當地的人們處於什麼狀況、如何思考以及生存。」

「這麼說來，我確實從沒想過外國人的想法。」

「大概是因為以前都覺得這些與自己無關吧。不過，最好還是要多了解其他國家的情況，對吧？」

「當然。世界上充斥著國與國之間的誤解以及對彼此的不了解。知道的事情越少，就越容易被想利用這些誤解的政治人物所欺騙。這些政治人物經常說『都是那傢伙的錯！所有壞事都是別的民族引起的。我們民族是世界第一，只要跟隨我，一切都會好轉。』雖然滿口謊言卻使用了通俗易懂的詞彙，呼籲人們在選舉中投給他們，以獲取上位的機會。這一切讓這些政治人物的權力更大且更加富有，而受騙的國民則被迫捲入戰爭或陷入不幸。因此，為了避免受騙，我們必須謙卑地向周圍事物學習，持續增長自己所不了解的知識。」

「所謂的增長知識，是指學習外語還有關於其他國家的知識嗎？」

「那也是一部分。另外，你們在學校學到的知識也很重要。」

「我知道，可是學校不會教那些海賊先生說過的事。學校教的都是數學、歷史之類和我的未來無關的科目。」

海賊先生摸了摸鬍子，直視著小杏的眼睛說道：

「愛因斯坦有句名言：『學習得越多，越能意識到自己有多無知，越是意識到自己的無知，就越會想去學習。』即便是乍看之下與自己毫無關係的領域，如果嘗試去學習，說不定會感到有趣，甚至發現它對自己有所幫助。倘若在學校養成學習以及思考的習慣，就算有人試圖欺騙你們，你們也會先停下來思考他所說的話是否正確。**增加知識，就是為自己穿上不受他人欺騙的武裝。**」

「用知識武裝自己嗎？」

大樹想起迄今為止的埋頭苦讀，在桌子下握緊拳頭。

「如果國家因為惡政而變得一團糟，就算擁有再多的夢想也只是空談。」

「沒錯。『自己的民族最優秀』、『我們比其他民族更高等』的說法很悅耳，而且對於彼此各有差異的族群來說，與其要雙方合作，還不如爭吵或分裂來得容易。但是，如果有更多人能夠不受感情影響，理性思考對人們真正有利的事是什麼，或許世界就會更加和平。」

「所以，學習新知也是為了未來的夢想而武裝自己啊！」

聽到大樹這麼說，海賊先生露出微笑點點頭。

「聽起來很棒！如果我能跟海賊先生一樣，會說一口流利的外語就太酷了！」

「是啊，如果能用外語和來自世界各地的朋友交談，應該會很有趣！」

「我也要開始認真學習了。」

小杏說完，雙手撐著桌面站起。

小杏正在一點一點地改變。我也能改變嗎？大樹目不轉睛地盯著「Diplomat」想道。

第4天的總結

- 小國利用「遠交近攻」的策略避免受到臨近大國的壓制，並且拚命保持國與國之間的平衡。
- 歷史悠久的王室，擁有使國民團結一致、協力合作的力量。
- 在多數國家中，忙碌的國王和政治人物以國家代表的身分彼此分工合作。
- 通常國家一旦分裂，百姓的生活將會陷入困境。

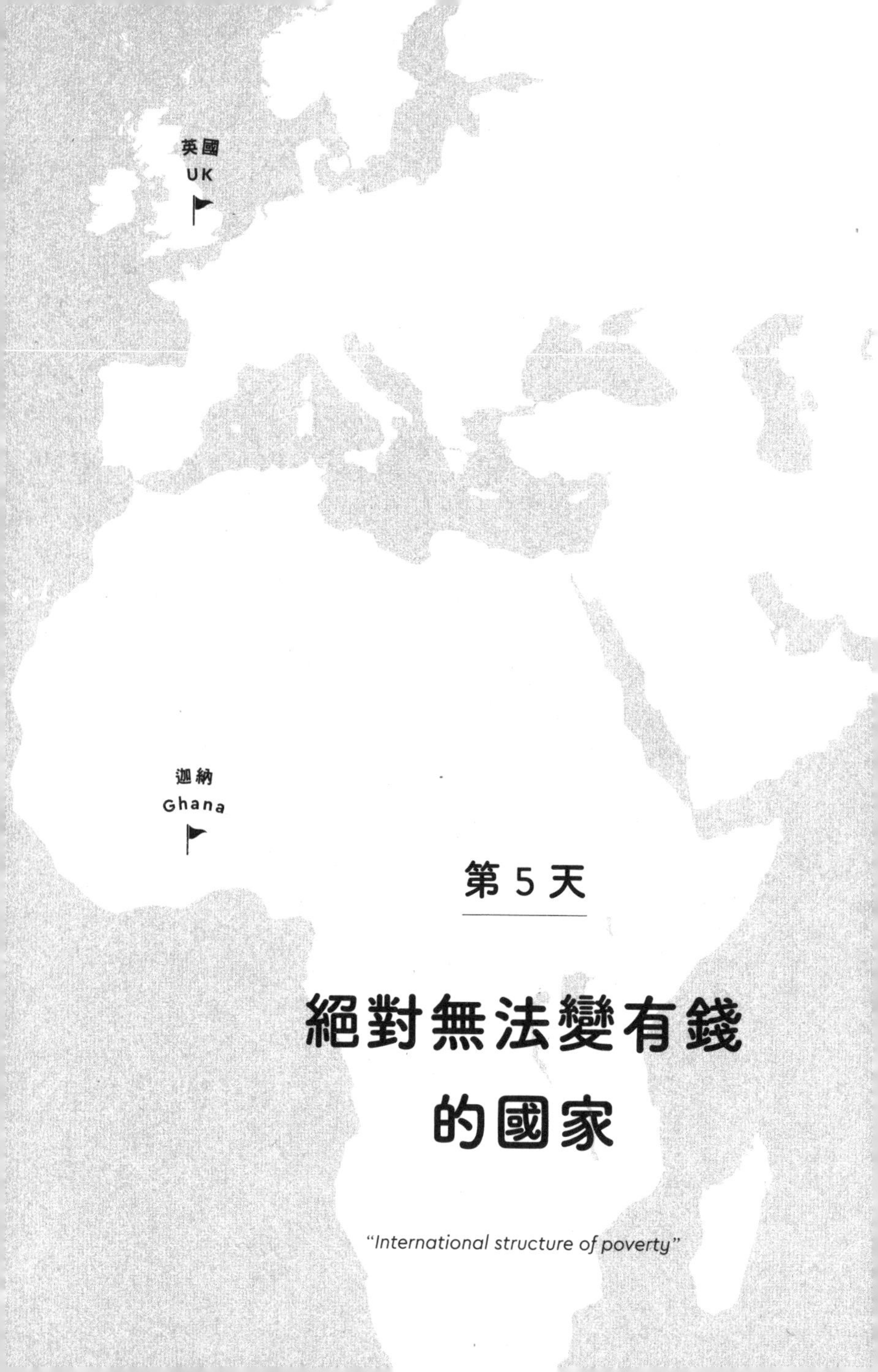

第5天

絕對無法變有錢的國家

"International structure of poverty"

開曼群島
Cayman Islands

非洲為什麼貧窮？

今天下午依舊十分悶熱，海賊先生一如既往地為兩人準備了熱紅茶。

「這是我收到的禮物，你們吃吃看。」

他將紅茶和一個黑色小盒子遞過來。小杏解開包裝上的紅緞帶並打開盒子，盒中放著六顆造型簡單的圓形巧克力。

「哇！我從來沒看過這種巧克力，是國外的牌子嗎？」

「大樹喜歡巧克力嗎？」海賊先生問。

「我很喜歡。那我吃一顆看看。」大樹和小杏各自拿了一顆巧克力放進嘴裡。

「你們知道巧克力的原料可可豆是哪裡生產的嗎？」

面對突如其來的問題，大樹慌張地吞下巧克力回答：

「應該是非洲吧？好像是叫做迦納的地方？」

「嗯！我看過『來自非洲太陽的恩惠！』之類的電視廣告。」

「沒錯。」

海賊先生轉動桌上的單軸地球儀，指向非洲大陸的正中央。

「這個巧克力由非洲迦納生產的可可豆製成，日本的巧克力有八成的原料來自迦納。今天我們來談談世界上處境最艱難的大陸──非洲。你們對非洲有什麼印象？」

「印象中好像是個陽光燦爛而且很炎熱的地方吧？還有，那裡有很多可憐的小孩對不對？記得小學時我還參加過募款活動。」

聽到小杏的話，大樹也仔細觀察著地球儀說：

「非洲的面積看起來真大。我記得非洲國家很貧窮，而且它們的GDP好像只有日本的一半，對吧？」

「GDP是什麼？」小杏問。

「GDP就是國內生產毛額。簡單來說，剛才那句話就是指非洲所賺的錢只有日本的一半左右。」

「如你們所見，非洲十分寬廣，面積占地球上所有陸地的兩成，是日本的八十倍，人口也是日本的十倍以上。儘管如此，**非洲的人均GDP卻只有日本的二十分之一，也就是說，非洲的富裕程度只有日本的二十分之一。非洲是世界上最貧窮的大陸**，你們認為這是為什麼呢？」

「是氣候問題嗎？這裡不是有世界上最大的撒哈拉沙漠嗎？是因為氣候太熱，水資源又太少，所以非洲人很難獲取糧食的緣故吧？」大樹說。

「我聽說在非洲，因為貧窮的關係，像我們這個年紀的小孩也必須工作，所以無法上學。是不是因為非洲人不能好好念書，因此找不到好工作呢？」小杏說。

海賊先生輕輕將手放在地球儀上。

「大樹，非洲有天然資源嗎？」

「天然資源？這麼一說，非洲好像可以開採石油和天然氣吧？」

「真的嗎？可以採石油，就能變成有錢人吧？像石油大亨那樣。」

「而且那裡還可以開採出不少鑽石呢！這麼一想，非洲應該要比現在更有錢吧？」

「沒錯，非洲確實有氣候問題。撒哈拉沙漠的面積與美國差不多，想要和它共存十分困難。儘管如此，從整個非洲來看，撒哈拉沙漠的面積僅占不到三分之一。非洲面積廣大，擁有各種不同的氣候，不僅有很多青山綠水，有些地方的夏天甚至比東京涼爽，適合人類居住的地方很多，像肯亞就是氣候宜人的觀光勝地。」

「哇！真好！日本的夏天實在太熱了！」

「擁有豐富天然資源的大陸，光是販賣這些資源就能賺很多錢，但非洲卻一直很貧

困。就算跟小杏說的一樣，是因為非洲的孩子太貧窮而無法好好學習，但是國家的富裕程度會因此就跟日本相差二十倍那麼多嗎？」

「這麼一想，確實有些不對勁。這是為什麼？」

大樹雙手抱胸，陷入沉思。

「真是搞不懂。能賺錢的資源那麼多，非洲卻還是那麼窮，難道非洲有小偷嗎？」

小杏雙手一攤，擺出放棄的手勢。

金錢就像血液

「沒錯，小杏說得對。」

「什麼？」

大樹和小杏驚訝地靠向桌子。

「**非洲之所以貧窮，最大的原因是國家的錢被政治人物送出海外了。**」

「你的意思是，非洲的領導人會做壞事嗎？」

「就是這個意思。大樹，你知道非洲的歷史嗎？」

「我知道。很多非洲國家都被英國、法國、德國等國家殖民過。我記得第二次世界大戰結束後，很多非洲國家獨立。」

「沒錯。當時，其他國家的人來到非洲後，不只奴役當地人，更將販賣天然資源的獲利占為己有。後來，許多非洲國家在一九六〇年代左右相繼獨立，當地雖然貧窮，卻充滿希望，因為他們認為，隨著過去榨取非洲財富的歐洲人離開後，未來的世界只會更加美好。因為當地有許多天然資源，所以很多人認為非洲的未來一片光明。」

「可是如今非洲還是很貧窮，難道是因為錢都流向國外了嗎？如果是這樣，又是怎麼發生的？」

「這是因為許多非洲政治人物將國家的資產轉移到國外，而一些歐洲和美國政經界的大人物則將這些錢中飽私囊。他們聯手合作，先由非洲政客將國家資產據為己有，再由國外有權勢的人透過複雜的機制讓錢流入自己的國家。」

「什麼嘛！這麼做的話，非洲不就要一直貧窮下去了？」

「是啊。如果希望國家經濟變得更強大、更富裕，那麼為了國家的未來，就必須將生產商品和販賣天然資源給外國所賺的錢用於自己國家，因此一般來說，窮國在改善經濟狀況的過程中，應該要阻止金錢外流才對。」海賊先生說。

「這個我知道。為了改善經濟，國家應該要設立學校，透過教育培養人才，或是幫助企業創造新技術，對吧？」大樹接著說。

「沒錯。戰後的日本，也有一段時期為了不讓賺來的錢流向海外，因此限制人民前往國外旅行。」

說著，海賊先生站起身並張開雙臂。

「**如果把國家比喻為人的身體，那麼金錢就是血液。人類透過飲食來攝取營養，並製造出在體內循環的血液，而國家也是透過金錢在國內充分循環，才得以維持人民的生活，讓經濟更加富足。**假如血液持續被抽走，會發生什麼事？」

「那樣會死掉吧！」

小杏驚恐地抬頭看向海賊先生龐大的身軀。

「是啊！人類缺少血液就無法生存，身體也無法成長，而血液如果抽走太多就會死亡。這個道理同樣也適用於國家的經濟狀況。非洲在過去幾十年間被吸乾了血，變成一個搖搖晃晃、半身不遂的病人。」

「非洲的領導人怎麼能在自己國家做這種事？」

「就是說啊！看到人民變得虛弱又病懨懨的，難道不會感到同情嗎？」

「為什麼那些政治人物身為領導人，卻不重視自己的國家？為什麼有那麼多自私自利、不為國家未來思考的政治人物？我們先來看看非洲的國界吧！」

為什麼非洲有那麼多黑心政客？

小杏在單軸地球儀上的非洲大陸比劃著。

「非洲大陸分成好多國家。各國的國界就像用尺畫的一樣整齊。」

「是啊，這裡的國界之所以到處都是直線，是因為這些國界確實是用直尺在地圖上畫出來的。非洲被歐洲國家統治了將近一百年，而歐洲各國幾乎不關心當地居民在什麼地方建立聚落，主要是根據自己的方便來劃分領地。而在非洲國家獨立之後，過去用直尺劃分的領地線就成為國與國之間的國界。」

「非洲也有之前提到的民族問題嗎？」

「沒錯，擁有不同民族和部落的國家可能會發生什麼事，相信上過上次的課之後，你們應該已經可以想像了吧？」

「是離心力！國家會變得四分五裂，對吧？」

「而且每個民族會互相對立！」

「正是如此。比起對自己毫無眷戀的國家政府，人們會優先考慮自己的民族。規模龐大且勢力強大的民族，會為了消除離心力而壓制其他民族。因為他們認為，只有用武力才能把關係惡劣、沒有共同歷史和羈絆的民族團結為一體。因此，非洲出現過許多軍事政權和獨裁政權，以軍隊為背景的強勢領導人占大多數。」

「原來強行劃分國界也是國家貧窮的原因。非洲各國內都有強大的分裂力量。」

「是啊。而且，當地的國家領導人沒有把金錢大方地用在所有國民身上，而是只為自己的民族優先設想，在這種情況下，就算擁有再多的自然資源，國家也無法邁向富裕。」

「然後，他們又將從國家搶奪來的金錢流向海外。」

「為什麼要刻意把錢轉移到國外呢？如果是獨裁而且勢力強大的領導人，大可直接把錢放進自己的口袋就好了吧！」

「因為那些錢都是贓款，是政治人物從國民手中非法掠奪的錢，如果直接拿走就會獲罪，無法正常使用或是儲蓄。這些錢首先會被轉移到一個稱為『避稅天堂』的地方，其中最有名的避稅天堂就是開曼群島。」

「咚咚」，海賊先生的手指指向加勒比海上的小群島。

資金從窮國流向富國的機制

「避稅天堂是一個可以逃稅的地方，在那裡，金錢交易幾乎不需要繳納稅金，即便是贓款也能偷偷摸摸地進行交易。交易完成後再把錢存入銀行，就能神不知鬼不覺地掩蓋這些錢的來路。」

「加勒比海附近的島嶼屬於哪些國家？」

「主要隸屬於英國。」

「啊！我明白了！原來非洲政客會跟外國人聯手，是這個原因啊！」大樹拍手說道。

「沒錯，**有權勢的歐美人士會協助非洲政客將金錢轉移到海外完成『洗錢』，再將這些錢匯入他們的國家。非洲挖掘天然資源所獲得的巨額資金，就在這種合作之下不斷流向先進國家。**有研究顯示，這些資金累計超過新台幣二十五兆元。」

「避稅天堂太惡劣了！為什麼不消滅它呢？」

「可是避稅天堂對得到金錢的一方來說有很多好處，應該很難消滅吧？既然能透過這個機制賺到這麼多錢，他們應該不會輕易放棄。」

「大樹說的沒錯。為了盡可能避稅，許多歐美政治人物也會利用避稅天堂來洗錢，如果避稅天堂消失，從非洲賺到的錢就無法流入歐美國家，國內景氣也會因此惡化，政治人物們可能會失去國民的支持。雖然有人批評避稅天堂已然成為犯罪分子的巢穴，但是避稅天堂的使用者依然持續增加。」

「為什麼歐美政治人物要用這麼麻煩的方法來增加國家的錢呢？反正這些錢也不會進到自己的口袋。」

「這是一個好問題。其實致富的方法不只有把錢放到自己的口袋中，那些榨取非洲金錢的國家，也會以投資的形式讓錢流向自己的國家。」

「投資？我不太懂，是指投資股票之類的嗎？」

「其實有各式各樣的方法，其中一個方法就是買土地。舉例來說，想像一下如果你們在英國的某個城市擁有一塊土地，你們想販售土地賺錢，而那裡雖然是個大城市，但居住的人口沒有太大的成長，如果不能增加居民，想要購買土地的人也不會增加。」

「想買的人不增加的話，就不能賺錢嗎？」

「如果想要的人不多就無法抬高價格，但大家都想要的東西卻能喊出高價。」

大樹點點頭。

「那麼，如果想要提高土地價格，該採取什麼措施呢？首先，要讓海外的非洲政客不斷購買那個城市的土地，如此一來地價就會上漲，而你們所擁有的土地也能以更高的價格出售。接著，你們就能用出售土地的利潤建造新房子，或者購買其他地方的土地。」

「這樣一來，金錢就會流動到全國各地，讓所有人都變得更富裕嗎？」

「是啊，這就是投資的效果。社會上流動的血液越多，這個國家就越容易成長，也就越容易邁向富足。」

「這些金流既能讓自己賺大錢，大家也因為經濟好轉而高興，真是一石二鳥！」

「沒錯。問題是，最初非洲政治人物購買土地所使用的錢，很多都像剛才所說的，是從非洲人民手中非法掠奪而來的。」

大樹想了想，問海賊先生：

「非洲國家領導人都是透過選舉來決定的吧？如果國民無法接受，難道不能叫他們下台嗎？」

大量金錢從非洲流出

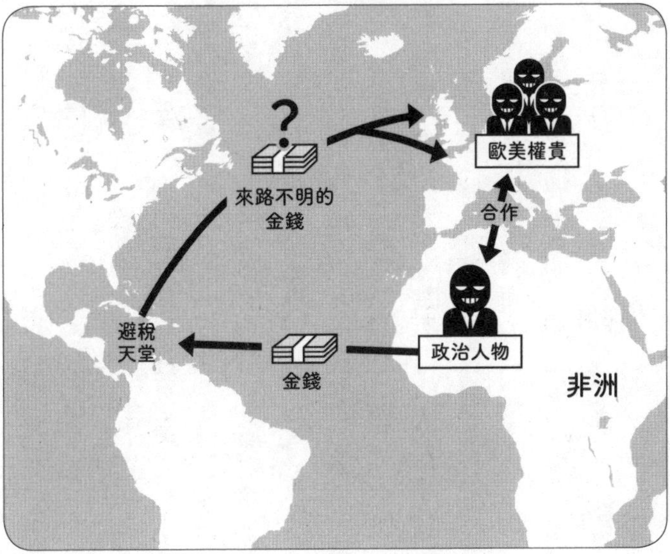

「非洲大部分國家都會舉行選舉，但並不是非常順利。因為比起身為國家的國民，他們作為特定民族一員的身分意識更強烈。」

「所以他們只會投給跟自己相同民族的人，而不太在意候選人是好人或壞人嗎？」

「正是如此。**選舉制度順利實行的前提是，在選舉結果發表後，即使落選的一方有所不滿也必須接受，而勝選的一方在一定程度上也要尊重另一方的意見。**但由於不同民族之間存在著矛盾，在選舉中勝選的民族會無視其他落選民族的立場，而落選的民族也採取不接受對方執政的態度，最終導致領導人無人信服的局面。國家無法團結，最終政府就會為了支配人民而試圖動用武力，進而發動戰爭。在民族問題嚴重的國家，民主主義很難發揮作用，就算有選舉，非洲國內的戰爭仍然不斷發生，最大原因就在於此。」

「所以並不是只要舉行選舉，國家就會變好啊！」

「沒錯，想要解決問題，就必須讓國民之間產生互相合作的意識。」

「感覺需要花很長的時間。」

「是啊，這需要很長的時間。不過，現在看起來理所當然的事，不代表未來也會是如此。相信總有一天，一定會有能夠改變的非洲國家出現。」

為什麼市面上找不到非洲產的巧克力？

「先進國家想要削弱非洲的理由還有一個，那就是為了讓他們做其他人不願意做的艱苦工作。你們聽過『公平貿易』嗎？」

「沒聽過。」

「我也是第一次聽到。」

「巧克力的盒子上應該有寫。」

小杏拿起巧克力的盒子，仔細看著包裝。

「公平貿易是什麼意思？」

「例如，可可豆農家和巧克力公司之間進行公平的交易，這就是公平貿易。也就是說，這些巧克力是用公平、公正的價格從農民那裡直接購買可可豆所製成的。」

「哇！好棒的機制！這應該對貧困的非洲農民有不少好處。」

「如果吃巧克力就能幫助非洲，要吃多少我都願意。」

小杏拿起一顆巧克力，露出微笑。

「我也這麼覺得。但是反過來說，其他巧克力都不是透過公平交易從農民那裡購買可可豆來製作的。小杏，將來你會選擇在可可園工作，還是到巧克力公司工作呢？」

「當然是巧克力公司！因為感覺比較有趣，好像可以吃到很多巧克力。」

「是啊，一般而言，在可可園工作比較辛苦，而且薪水也少，得到的利潤只有巧克力公司的幾十分之一。」

「那麼，非洲應該要把在國內採收的可可豆做成巧克力後再賣出去，比較好吧？這樣一來，從生產巧克力到銷售巧克力的利潤就能流入非洲，非洲也能變有錢了。」

大樹想起課堂上學過的經濟學知識，詢問海賊先生。

「大家都會這樣想吧？但是這除了需要投入購買加工設備的資金，還需要培訓生產人員。」

「原來如此，如果國家領導人不將錢用在國家的利益上，是無法做到的。」

「沒錯。而想賣巧克力的歐美國家，實際上是把自己不願意做的種植工作推給非洲。**因為非洲十分貧窮，所以被迫從事無利可圖的工作，因此陷入持續貧窮的惡性循環。**」

「真是太過分了！明明大家同樣身為人類。」

小杏的話，讓大樹恍然大悟。

「非洲現在所發生的事情和種族歧視也有關係嗎?」

「這也許是原因之一。歐洲至今還是有人打從心底不願承認非洲人與自己同為人類。因為根本不承認非洲人也是人,所以即使對非洲做了過分的事,也不會感到痛心吧。」

「我聽說世界上仍然存在著種族歧視。非洲國家已經獨立很久了,而美國為了消除種族歧視也做了很多努力吧?現在歧視的情況還是很嚴重嗎?」

「是啊,很遺憾地,美國直到十九世紀為止一直將黑人當作奴隸,像物品一樣買賣黑人。就像你說的,非洲已經獨立一段時間了,但是歐美人將黑人等有色人種當作奴隸或是劣等人種對待的歷史其實更長。」

「聽你這麼一說,的確是這樣。」

大樹瞥了一眼「Diplomat」。

「住在美國的黑人也會受到歧視嗎?」

「沒錯。美國開國元勛雖然提倡人類的自由與平等,但卻沒有把從非洲強行引進的黑人納入保障。雖然身為現代人的我們都知道,包含黑人在內的所有人類都是平等的。」

「我很少看到黑人,所以至今也沒想過他們會受到那麼嚴重的歧視。」

「這就是現實。在世界上,很多時候表面說的漂亮話和實際上發生的事情大不相同。

例如美國首都華盛頓有幾個祕密社交俱樂部，聚集了政治人物、公司總裁等握有權力的人。要加入那些俱樂部十分困難，但是一旦成功加入，就能和真正讓社會運轉的人建立友好的關係。而這個俱樂部的成員中，幾乎沒有亞洲人或是黑人，他們大部分都是白人，很多會員從祖父那一代開始就已經是成員了。聚集在那裡的權威人士，表面上主張尊重人權、種族平等，但實際上卻把與自己種族或出身不同的人拒於門外。」

「如果就連在自由的國度美國，一般人的機會都那麼少的話，大家好像也沒想像中那麼自由呢！」

「物美價廉」的危險之處

海賊先生啜飲一口紅茶，繼續說道：

「雖然嚴重程度有輕有重，但是將辛苦的工作推給別人這種事其實發生在世界各地。小杏，你有沒有想過自己現在穿的衣服是誰做的呢？」

「誰做的？這件衣服很便宜，我想應該不是手工縫製的。會不會是機器做的？」

小杏拉著身上的T恤想看看標籤。海賊先生在她還來不及確認標籤之前便說：

「想要生產出物美價廉的商品有兩種方法，一種是提升技術、盡可能不花費多餘工夫，用更高的效率生產出更多產品以降低價格；另一種是盡量雇用廉價的勞工。例如製作服飾的紡織業，如果沒有廉價勞工的幫助就無法生存下去。即使在日本，也有一些勞工在惡劣環境下從事著奴隸一般的工作。」

「我以為物美價廉很好，原來事實並不是這樣啊！」

「從消費者的角度來看當然很好。但是，**異常便宜的好商品，或許也可以看作是伴隨著犧牲許多人的商品。**」

「我在新聞上看過，日本也有一些公司雇用外國人從事辛苦又不賺錢的工作。」

「是啊。這個問題絕不只存在於遙遠的國家。利用他人的弱勢，讓他們在異常艱苦的就業條件和環境下工作，實在是太惡劣了。」

「不管在非洲還是日本，如果大家能意識到在惡劣的環境下工作是不合理的事，是不是就能避免這種情況發生呢？」

「沒錯。但是歧視深植於人們的想法和世界觀中，如果大家對外國人和其他人種的歧視意識不消除，這個問題是無法解決的。」

海賊先生說著，轉動手上的地球儀。

「根深柢固的種族歧視啊……要怎麼改變這些人的想法呢？」

「跟對方變成朋友不就好了嗎？我剛進國中時，覺得坐在我後面的女生眼神很凶、很討厭，感覺像不良少女，心想萬一被她找碴怎麼辦，但是試著跟她交談之後才發現她很親切，更讓我驚訝的是我們竟然都喜歡穿搭。她說自己眼神凶狠只是因為視力不好而已。」

「如果能和對方找到共同點並成為好朋友，就不會有想要欺負對方的想法了。對了，小杏，你一開始不是也說海賊先生看起來很可疑，還說他戴著眼罩像海盜一樣？」

大樹用嘲弄的語氣說。

「哥，不要說了！當時你明明也很害怕。」

「那……那個，如果一個戴著眼罩的人走來瞪著你，任誰都會嚇一跳吧！不過，啊！歧視的意識大都來自這些小地方吧？比如因為對方的外表比較特別，總覺得他有些可怕或者難以接近之類的。」

「啊！那……對不起。」

大樹和小杏向海賊先生低頭道歉。

海賊先生莞爾一笑，為兩人鼓掌。

「沒關係。你們真了不起，沒想到能思考得這麼深入。我認為歧視的反義詞就是交流，就像你們所說的，與跟自己有所差異的人互動、成為朋友，漸漸減少對他們的不理解，這是消除歧視最踏實也最有效的方法。人類總是傾向和自己相似的人交流，因為這樣最輕鬆。但如果鼓起一點勇氣踏出自己的同溫層，就能看見不一樣的景色。」

多民族的富裕小國

海賊先生將地球儀旋轉三分之一圈，指向東南亞的一點。

「為了增進國內各個民族的交流，有個國家強力推行許多政策。這個國家就在這裡，新加坡。」

「一提到新加坡，就會聯想到富裕又乾淨的印象，對吧？」

「是啊。新加坡是在第二次世界大戰後不久才建立的新國家。這個國家有華人、印度人、馬來人等各種民族。新加坡的建國之父李光耀就採取一系列完善的措施，以防止民族之間發生矛盾。例如，確保不同民族可以居住在同一個社區，這樣就不會出現只有單一民族的社區，此外，他還徹底地取締任何可能導致民族衝突的行為。」

「原來如此。如果彼此住得近，民族之間就更容易相互了解。」

「李光耀**希望創造出超越民族意識、認同自己是新加坡人的國民意識**。例如，賦予國民購買便宜公寓的權利也是政策的其中一環。如果國家經濟發展良好，將來公寓的價格也會隨之上漲。只要國民能切實感受到國家的未來與自己是否能致富息息相關，那麼當國家遭受攻擊時，他們自然也會願意挺身而出。因為有這些努力，新加坡的不同民族之間才能互相幫助，也使得貧窮、沒有天然資源的新加坡成為世界上屈指可數的富裕國家。」

「哇！這麼說，新加坡的環境好像比非洲更不利，但是因為各民族的關係友好，所以才能變成有錢的國家啊！」

「新加坡真聰明。要是非洲也能推行同樣的政策就好了。」

「所以說，非洲雖然貧窮，但並不代表它們的未來沒有希望。要抱持著好奇心和勇氣與不同類型的人交流，減少偏見跟不理解的事物，對與自己外表、出身不同的人抱有興趣且懷有敬意，並且建立機制來避免只有相似的人組成小團體，如果能堅持進行這些事，許多國家的民族問題也可以逐漸解決。」

多民族小國新加坡成為世界屈指可數的富裕國家

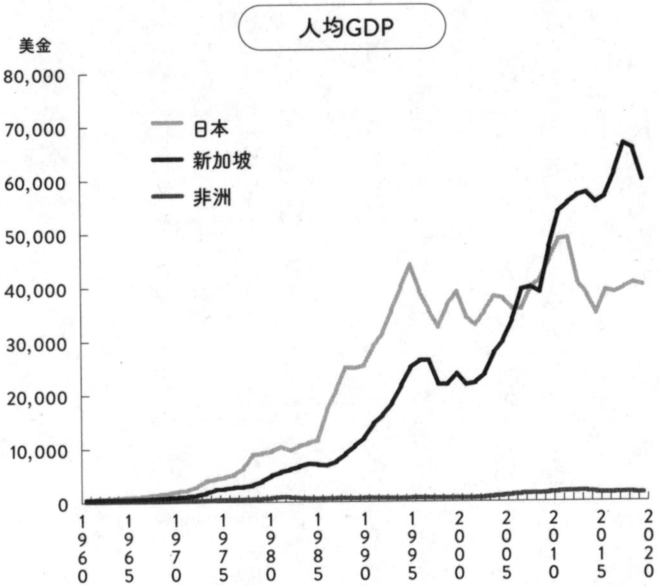

非洲的數據為撒哈拉沙漠以南的國家平均值

出處：世界銀行

從非洲看日本

「那麼，你們認為最貧窮的非洲大陸是怎麼看待日本呢？」

「是指他們對日本的印象嗎？」

聽到大樹這麼問，海賊先生指向單軸地球儀上的非洲大陸。

「首先，用地球儀從物理上的角度來看。大樹，你把臉湊近非洲大陸看看，可以看到什麼？」

大樹從椅子上站起來，將臉湊近地球儀上的非洲大陸。

「歐洲很近，所以看起來很大，還可以看到印度，還有最右邊的中國。從這個角度完全看不到日本。」

「這就是非洲人眼中的世界。他們與歐洲的連結很深，而且就像剛才說到的，被歐洲國家吸走大量的金錢。而中東國家雖然距離很近，但他們因自己國內的紛爭忙得不可開交，因此對非洲沒有太多的關心。在這個情況下，中國帶著大量資金進入非洲。就像前面說過的一樣，最近中國野心勃勃地想要擴張自己的領地，無論它的目的是什麼，帶來大把金錢的中國對非洲人來說無疑是值得感激的存在。特別是對非洲的黑心領導人而言，不會把人權、民主等麻煩的事情掛在嘴邊的中國人，他們可是非常歡迎的。」

「日本距離太遠了，非洲人對我們應該沒什麼印象吧？」

「我們其實也不太了解非洲各國。」

「你們的回答在某種程度上是正確的，也可以說是錯的。雖然他們對日本沒有特別不好的印象，但在某種意義上來說，日本和歐洲各國一樣，都被非洲認為是強勢的國家。」

「咦，日本沒有拿過非洲的錢，在歷史上也沒有和非洲發生過戰爭吧？」

「是這樣沒錯。但日本是曾經侵略韓國並將韓國作為殖民地的加害者。**世界各國可以分為兩種，一種是屈指可數的強盛國家，即『加害國』；另一種則是曾經被當作殖民地的『受害國』。而在世界上，受害國占絕大多數。**非洲、中東、印度、東南亞等國家幾乎都曾被殖民。」

「聽你這麼一說，確實是這樣。」

「我們之所以能夠無憂無慮，是因為日本處於強勢的一方。欺負人的孩子不會記得自己欺負過別人，但是被欺負的孩子應該會清楚記得吧。當然，日本也沒有直接對非洲做過壞事，所以他們不會有那麼負面的印象。即便如此，日本在非洲人的意識裡還是會跟其他國家有所不同。」

如何擺脫貧窮？

「原來日本曾經是欺負別人的一方啊。我對非洲的印象好像也只有因為氣候炎熱造成貧窮、很可憐之類的。」

大樹也點點頭。

「會有這樣的印象不是你們的錯。**『非洲的貧窮是嚴酷的自然環境造成的，是因為天災』，歐洲與美國的領導人四處傳播這種印象，想讓大家認為非洲的貧窮並不是任何人的責任。**」

「原來如此。如果非洲想擺脫貧窮，果然還是必須先阻止從非洲流向國外的資金。」

「為此，非洲內部必須培養超越民族、同為一國國民的意識，並且互相合作。如果提高國家意識，那麼比起在乎自己的錢包，更關心國民和國家未來的領導人也會隨之增加吧。將販售自然資源的錢用於培養國內人才的教育、醫療、企業上，國家才會有所發展。」

「如果非洲優秀的領導人增加，非洲人說不定就可以更富有了。」

「是啊，世界上對於避稅天堂的議論已經甚囂塵上，各國也達成了『至少應該對企業徵收多少稅金』的共識。如果有更多人可以從宏觀的角度來思考，了解到避稅天堂對世界整體是不好的，情況就有可能發生變化。」

「現在看起來理所當然的事，不代表未來也是如此，對吧？」

「是的。我相信人類是會記取教訓的生物。」

小杏一邊拉著巧克力盒上的緞帶，一邊問道：

「海賊先生，那麼我參加的募捐活動不就沒什麼意義了嗎？剛剛說的那個公平貿易也是，就算我們努力募捐，但如果國家的領導人有問題，大家捐贈的一點點錢也沒辦法改變什麼吧？」

「小杏，並不是這樣。」

海賊先生說：

「想要消除歧視、欺凌、不正當的行為，最有效的方法就是關心，而募捐就是其中一種方式。如果大家都了解到大國掠奪非洲資源的事實，就可以一起對歐美政界施加壓力，促使他們停止這種行為。如果『自己國家支持罪犯一般的非洲領導人』的事實被昭告天下，相信那個國家的國民也不會保持沉默的。」

「在日本也一樣，對嗎？如果大家都能透過募捐和參與公平貿易來思考非洲貧窮的原因，就會有更多人想要為他們做些什麼。」

「正是如此。你們今天都獲得了許多新知識，而且自己也想到了解決問題的方法。如果可以集結每個人意識中這些微小的變化，也許就能形成一股巨大的潮流。」

第5天的總結

- 非洲貧窮的最大成因，是因為國內大量金錢流向歐美國家。
- 非洲政客侵吞國民財產的原因，與受到強行劃分國界的背景有關。
- 在民族、部落紛爭較多的國家，即使舉行選舉也不易維持國家安定，因此國家很難發展。
- 即使是多民族國家，也有像新加坡一樣透過提高國民意識而變得富裕的例子。

第 6 天

命運取決於地形

"Fortunes determine by geography"

俄羅斯
Russia
庫頁島
Sakhalin
南韓
Korea
日本
Japan

終戰紀念日的早晨

「哥，我進去囉。」

坐在書桌前的大樹聽到小杏的聲音，抬起頭。

「這個還給你。」

小杏打開門，把前幾天借的間諜小說遞給大樹。大樹轉過椅子說：

「進展如何？查到海賊先生的真實身分了嗎？」

「完全找不到線索。唉！我真的可以得到『Diplomat』嗎？」

「你跟海賊先生上課時也很努力呢。小杏真的那麼喜歡那個地球儀嗎？」

「嗯，雖然一開始只是抱著古董地球儀很酷、如果可以免費得到很貴的東西，感覺很幸運……的輕鬆心情去上課的。」

小杏坐在大樹床上說：

「和海賊先生聊天之後，讓我想要更加了解世界，也想去國外學習。如果我能證明自己只要努力就能表現得比哥哥好，感覺今後就有動力用功念書了。所以作為努力的證明，我一定要拿到『Diplomat』。」

「這個想法很好耶。不過，你想去國外留學嗎？不知道爸媽會怎麼說，畢竟留學也要花不少錢。」

「所以，如果爸媽因為錢的問題而反對，就可以說『把這個地球儀賣掉來補足不夠的部分』。」

小杏露出得意洋洋的表情。

「你啊！不知該說你踏實，還是該說你精明。」

這時，屋外傳來了呼喚兩人的聲音。

「是爸爸找我們。爸媽今天休假所以都在家裡，你也走出房門露個面吧！下午要去海賊先生的店裡，你應該沒有忘記吧？」

「當然沒忘。對了，今天是終戰紀念日[3]。」

大樹瞥了一眼掛在牆上的月曆，站起身來。

3 終戰紀念日：第二次世界大戰末期的一九四五年八月十五日，日本政府宣布無條件投降，二戰至此結束。日本政府將每年八月十五日定為終戰紀念日，悼念亡者以及為和平祈願。

世界上最幸運的土地——美國

今天的海賊先生除了平常穿的白襯衫外，還繫著黑色領帶。

「哇！總覺得今天的海賊先生穿得很筆挺，好帥啊！」

「是嗎？謝謝你。」

海賊先生將手放上桌上的單軸地球儀。

「今天我們來看看美洲大陸。你們記得我說過美國是世界上最強的國家嗎？」

「記得。因為美國控制全世界的海洋，所以成為最強的國家。」

「美國是最有錢的國家，所以大家都想要美元。」

「沒錯。那麼，為什麼美國強大到可以統治全世界的海洋呢？讓我們像往常一樣，一邊看地球儀一邊思考吧！」

大樹和小杏轉動地球儀，仔細觀察美洲大陸一帶。

「美國的北邊是加拿大，南邊與墨西哥相連，而西邊是太平洋，東邊是大西洋。大西洋的盡頭能看到一點歐洲，從地球儀上來看，美國首都華盛頓和著名城市都集中在東邊。」

「從美國完全看不到日本。太平洋果然很大啊！」

「美國的重要城市聚集在東邊是有原因的。美國原本是因歐洲人渡海來到大西洋而發展起來的移民國家，當地許多黑人的祖先也是歐洲人從非洲橫跨大西洋帶進美洲的，從這個意義上而言，可以說美洲主要是由跨越大西洋而來的人們所組成的國家。」

「說到這個，大家常會將歐洲與美國合稱為『歐美』，也是因為這樣嗎？」

「沒錯。之所以會有這個說法，就是因為美國的這種構成方式。而且，美國大部分的國土都和赤道、北極保有適當的距離，既不會太冷也不會太熱。在另一方面，位於美國北邊的加拿大氣候嚴峻，而位於南邊的墨西哥則是氣候與其他許多條件都十分嚴酷，與美國相較之下極為脆弱。此外，美國在西邊有太平洋，東邊也有大西洋的保護。」

「也就是說，美國是因為外敵難以進攻，才能變成最強的國家嗎？」

「這也是原因之一。美國從建國以來，本土從未被外敵占領過，因為要組建能夠攻下美國這個大國的龐大船隊並越洋而來，是一件很困難的事情。」

「美國農產品的外銷數量似乎是世界第一。這也是因為氣候適中的關係吧？」

「沒錯。因為美國有很多豐饒的土地，而且石油和天然氣等天然資源很豐富，美麗的自然景觀也很多。當地集結了來自世界各地的人，因此擁有各式各樣的文化，資源甚至富足到讓人覺得美國什麼都不缺。」

「這麼一想，美國真是個地理位置優越的國家。」

「正因為美國的地理位置適中，所以才能成為世界最強的國家吧？」

「沒錯。也因為這些良好條件不會有太大的變化，**因此到了二十一世紀，美國仍是最強大的國家**。」

「真羨慕美國有這麼多得天獨厚的條件。如果我也會說英文的話，就算去國外也不至於太辛苦吧？畢竟英文是全球共通的語言。」

小杏一邊戳著地球儀上的美國，一邊說道。

「其實不見得。你們還記得我之前提過『大國的通病』嗎？」

「記得。之前說過大國的人民往往只關心自己國內的事務，對其他國家不感興趣，對吧？」

「我想起來了！但這樣有什麼問題呢？」

「不了解其他國家的人，就會將自己國家的常識強加於人，對吧？」

「沒錯，就像大樹所說的一樣。美國擁有全球第一的軍隊，能掌控全世界，一旦做了錯誤的決定，就會對世界造成巨大的損害，甚至因為難以理解弱者以及弱勢國家的心情而引發許多問題，九一一事件就是其中之一。」

海賊先生指著地球儀上的紐約。

恐怖分子與英雄的差別

「我知道九一一事件。是發生在美國的恐怖攻擊事件吧？」

「沒錯。二〇〇一年九月十一日，紐約和美國各地發生多起恐攻事件，恐怖分子劫持飛機衝撞摩天大樓，據說造成將近三千人死亡。你們知道美國在那之後做了什麼事嗎？」

「美國為此勃然大怒而攻擊阿富汗，引發了戰爭。」

「沒錯。美國向世界宣稱阿富汗與恐怖分子有關聯，絕對是壞人。這使得全世界形成一種可以對可疑的恐怖分子做任何過分行為的風潮，而日本當時也支持美國。但是時至今日，這種做法是否正確仍有不少爭議。」

「咦，可是做出這種卑鄙行徑的恐怖分子，怎麼可能不是壞人？」

「恐怖分子是不是壞人，會因國家的立場而有所不同。也有些恐怖分子其實是自己母國的英雄。」

海賊先生轉動地球儀，指向一點。

「例如這個叫愛爾蘭的國家，擁有自己的文化和語言，但從十二世紀到二十世紀初一直受到英國統治，部分愛爾蘭人對英國人的嚴重歧視感到十分憤怒，而持續對英國進行恐怖攻擊。直到最後，英國才終於承認愛爾蘭的獨立。對英國來說是恐怖分子的愛爾蘭領袖，後來卻成為愛爾蘭的英雄，並擔任愛爾蘭總統或部長等要角。」

「因為恐怖攻擊很成功，所以他們才被當作英雄嗎？」

「堅持自己意見、犧牲很多性命的人被當作英雄，總讓人覺得有點難以接受。」

「小杏，你說的很有道理。但是，這是世界上一直以來不斷發生的事，無論是恐怖攻擊還是戰爭，平民百姓都會遭受波及，這件事是不會改變的。所謂的恐怖攻擊，是指在普通戰爭中無法取勝的弱勢的一方，企圖動搖、打敗強勢方時所使用的戰術。恐怖攻擊對強盛的國家來說是困擾也是最大的敵人，但對弱勢國家來說，卻是最有效的戰鬥方法。」

「那麼，九一一事件的恐怖分子也認為自己是挺身對抗強者的英雄嗎？」

「沒錯。所以才會發生以自己生命為代價的自殺炸彈客攻擊。」

「不過，突然被捲入恐怖攻擊真的很可怕。我還是希望不要發生這種事。」
「要怎麼做才能防範自己的國家發生恐怖襲擊呢？」

無視世界的大國

「海賊先生剛才說會發生恐怖攻擊是因為大國只關心自己國內的事務，那麼是不是只要多了解其他國家，不要做讓人積怨的事情就好了？」
「沒錯，正因為美國是最強的國家，所以更有必要關心那些平時受到忽視的弱勢國家以及群體。」
「在學校好像也一樣。有時即便同學並不是有意欺負你，但自己內心還是會受到不小的創傷。」
「沒錯。如果不了解處於弱勢地位的感受，欺負他人的強勢者就會無動於衷地傷害別人。而且現在國與國之間的距離越來越近，大國只關心國內事務的問題也越來越嚴重。」
「國與國之間距離變近了嗎？」

「在過去，遙遠國家發生的事不會立即影響到自己的國家，但是現在卻可以瞬間透過網路將訊息傳播到世界各地，從這點看來，國與國的距離變得比以前更近了。然而，惡意的謊言與帶有偏見的資訊也會以極快的速度傳遞到世界各地。隨著技術的進步，社會環境發生巨大變化，但國家領導人和追隨他的人民的想法卻沒有跟上技術進步的步伐，反而在社群媒體上與相同想法的人聚集在一起，心態也變得更加封閉。現代人雖然擁有名為網際網路的利劍，卻無法充分、安全地使用它，最後甚至還傷了自己。」

「好像真的是這樣。日本似乎也有這種人，我也許也是其中之一。」

大樹搔搔頭。

「**只會說自己母語的人稱為『單語者』，在美國、中國、俄羅斯、日本等大多數的大國中，單語者往往更加成功**。他們為了在自己國內獲取高位而竭盡全力，對外面世界的關心越趨淡薄，導致國家之間的誤解及無知蔓延開來。在大國的政治世界中，即使嘗試做出理解其他國家立場的努力，也會被認為是軟弱的表現而帶來負面的影響。」

「因為國與國之間存在著無知和誤解，才會發展成恐怖攻擊和戰爭嗎？」

「雖然努力學英文對我來說很辛苦，但如果學英文對世界有益，我願意好好努力堅持下去。」

「小杏，你能把各式各樣的事情都轉化為動力的態度真的很棒。」

「小杏真是機靈！」

大樹噗哧一聲笑了出來。

朝鮮半島地形嚴酷

海賊先生又轉動起單軸地球儀，說道：

「地理位置優越的美國成為強大的國家，相較之下，沒有地理優勢的國家就陷入嚴峻的狀況。」

「如果是地理位置與美國相反的國家，那就是靠近大國，而且周圍沒有大海包圍的地方吧？」

「沒錯。像是這裡，在日本旁邊的朝鮮半島。」

小杏看向海賊先生指的地方。

「從大陸稍微向海洋延伸出來，原來這種地形就是半島。啊！朝鮮半島指的是韓國對吧？離日本近的是南韓，比較遠的則是北韓。」

「朝鮮半島上方緊連著中國，再往北可以看到俄羅斯，與日本隔海相望，這樣看來，它的周圍確實都是大國。」

「你們知道朝鮮半島的歷史嗎？」

「我知道。朝鮮半島從一九一〇年到第二次世界大戰結束為止，都受到日本統治。一九五〇年韓戰爆發，由於勝負未分，就形成了現在南韓和北韓的情況。」

「之前的課程中好像也說過，韓國曾經是日本的領土。」

小杏看著「Diplomat」說道。

「是啊，朝鮮半島從十九世紀到二十世紀初都是日本、俄羅斯、中國爭奪勢力的舞台，多次成為外國軍隊的戰場，在日本統治之前也曾被中國統治。朝鮮半島雖然有國王，國王得到的待遇卻與中國大臣無異。」

海賊先生的手指在地球儀上的中國和韓國之間來回移動。

「像這樣**經常受到襲擊的半島，主要有三個特徵。第一，夾在大國與大國之間；第二，與其他國家的交界處沒有河流、山脈等巨大的天然屏障；第三，擁有豐富的資源、農產品，或是便利的港口等有價值的東西。**」

朝鮮半島處於容易受到周邊大國壓力的位置

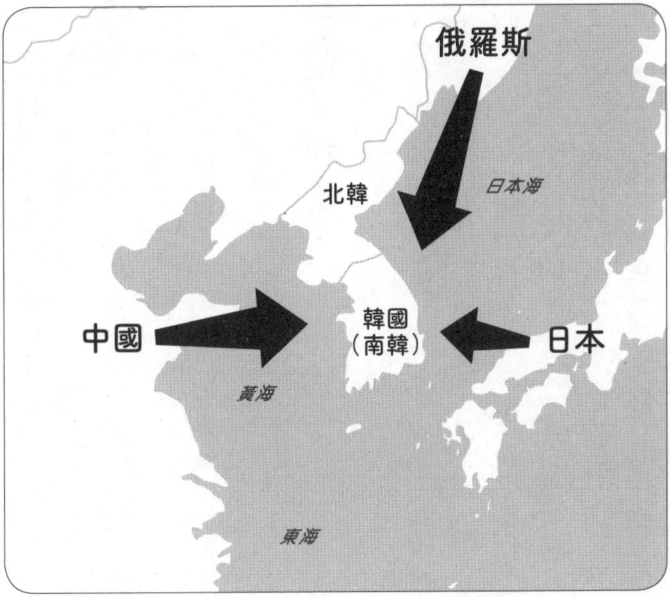

「雖然朝鮮半島擁有鄰國都想要的東西，在地形上卻很容易受到其他國家攻擊。」

「沒錯。而且朝鮮半島三面環海，如果遭到他國從陸地進攻就無處可逃了。而如果敵人從海上進攻，朝鮮半島的人民試圖逃往陸地尋求幫助，就會有被國土相連的鄰國統治的風險。」

「真是不走運的地形，感覺生活在朝鮮半島的人也很辛苦呢！」

俄籍韓國人山本女士

「當時出生在朝鮮半島的人之中，有些人的國籍經歷了多次變更。例如有位女士出生於日俄戰爭之前的漢城（今首爾），是大韓帝國一個姓金的孩子，但在日本將朝鮮半島納入國土的一部分後，她的國籍變成日本籍，名字也改成『山本』。」

海賊先生把地球儀上的手指從漢城滑到庫頁島。

「後來，日本在與俄羅斯的戰爭中獲勝，山本女士移居到日本在戰爭中取得的庫頁島南部。庫頁島現在隸屬於俄羅斯的薩哈林州，雖然那是個非常寒冷的地方，但因為當地算是自己的國家，又有賺錢的機會，因此當時有很多朝鮮人前往。只是，日本在第二次世界大戰戰敗，薩哈林州的南半部也被蘇聯占領，而蘇聯與韓國在冷戰時期是敵對關係，因此山本女士無法回到韓國，只能就此成為蘇聯的國民。在蘇聯解體後，薩哈林州被劃入俄羅斯聯邦，而當時山本女士的親戚都住在薩哈林州，加上幾乎完全忘記韓語的關係，所以也沒有想回韓國的意願。山本女士的國籍從大韓帝國變成日本、蘇聯，最後是俄羅斯，一共換了三次國籍。」

「明明擁有日本名字卻是韓國人，而國籍又是俄羅斯籍，真是複雜啊！」

「這是真人真事嗎？」

「沒錯，山本女士是真實存在的人物。她活到一百歲左右，現在已經去世了。山本女士的故事顯示世界對朝鮮半島掀起的驚濤駭浪是多麼嚴峻。綜觀世界，**能夠居住在以自己所屬民族為中心的國家，並不是一件理所當然的事**。像山本女士一樣一生中變更多次國籍的例子，還有之前說到的克里米亞半島都是如此。」

「你是指俄羅斯奪取原本隸屬於烏克蘭的克里米亞半島的事嗎？」

「真的耶，克里米亞也是一個半島！」

小杏轉動地球儀，指著克里米亞半島說。

山本女士的生平

1904年左右	出生於（前）大韓帝國的首爾
1905年	發生日俄戰爭，庫頁島（薩哈林島）南部成為日本領土
1910年	日本併吞大韓帝國。成為日本國民
1920年左右	移居庫頁島南部
1945年	日本戰敗後，庫頁島南部成為蘇聯領土。隨後成為蘇聯國民
1948年	韓國建國。因為韓國與蘇聯對立，因此無法回國
1991年	蘇聯解體。成為俄羅斯籍
2005年	逝世

「沒錯，這裡從古時候到現在也換過十多次統治者。想要在如此嚴酷的環境下生存下去，就不能拘泥於名分、忠誠或自尊心，必須追隨當地最強大的國家，對強國阿諛奉承、獲取青睞，這就是現實。對朝鮮半島來說，這個強國就是中國，而對克里米亞半島來說則是俄羅斯或土耳其。處於這種條件下的人們幾乎沒有選擇的餘地。」

「韓國真是不容易。現在韓國偶像和演員活躍於世界各地，在日本就能買到便宜又可愛的韓國服飾，所以我對韓國一直有先進國家的印象。」

「其實那也是在惡劣條件下拚命求生的結果。韓國人口比日本少得多，沒辦法只靠國內市場來生存。」

「所以從一開始，韓國就是以世界為目標生產商品的嗎？」

「正是如此。從結果上來看，無論電影還是音樂，比起以國內市場為對象的日本，韓國更能創造出得到世界認同的內容，而這也是環境造成的結果。」

為什麼國家要將戰敗視為天災？

「海賊先生，我今天在電視上看到有關戰爭的節目，有一個疑問。」

大樹有點難以啟齒，小聲問道。

「是什麼問題？你儘管問。」

「美國對日本投下原子彈，日本人卻沒有因此怨恨美國吧？那麼，為什麼韓國至今還要向日本要求道歉和賠償金呢？」

「好問題。你的問題可以分為兩部分。一，為什麼日本在戰爭結束後沒有仇視其他國家？二，為什麼韓國至今還對日本抱有仇恨？」

「好的。」

「今天是終戰紀念日。你們想過為什麼日本不稱自己『戰敗』，而是稱為『終戰』嗎？」

「咦，有什麼理由嗎？是因為紀念日給人值得慶祝的感覺，如果取名為戰敗紀念日感覺有點奇怪嗎？」

「嗯……的確，終戰這個詞給人的印象比較溫和一點。」

海賊先生放在桌上的雙手交扣，點點頭。

「日本政府之所以把這一天稱為終戰紀念日，**是為了暫時封印戰敗的負面記憶，選擇以積極復興國家為優先**。如果持續追究戰敗是誰的錯而讓同伴之間互相仇視，大家就很難齊心協力復興國家。因此日本政府只將責任歸咎於一小部分的領導者，並且將戰爭中遭受的痛苦解讀成自然災害。」

「所以才故意不使用戰敗這個詞嗎？」

「沒錯。為了讓國民團結起來而封印不好的記憶，這種舉動在戰敗的德國和勝利的法國都曾出現過。這麼做還有一個理由。如果要追究誰該承擔戰敗的責任，最終有可能演變為必須由天皇陛下負責，到時候天皇制度也有可能就此廢除。」

「是因為那時還沒有總理大臣，天皇陛下才是國家領導人的關係嗎？」

「那時已經有總理大臣了，不過在戰爭期間，天皇陛下被當作神明一般對待，就像是國家領導人的上司一樣。」

「原來如此。日本皇室是可以凝聚國民的寶貴存在，但是如果戰後追究責任的聲浪高漲，就可能引發應該要摧毀天皇家族的議論。如果把戰爭看作自然災害，如此一來敵人也是受害者，更容易與敵人建立良好的關係，因為至少不用一直對敵方懷恨在心。此外，與俄羅斯、德國等歐洲國家不同的是，日本除了沖繩和一部分島嶼之外，並沒有在自己的國土上與敵軍士兵發生直接廝殺的陸地戰，所以大多數國民比較容易將戰爭視為自然災害。」

「將戰爭視為自然災害嗎？確實不管戰爭或天災都會出現很多犧牲者……」

大樹皺起眉頭。

「總覺得有點難以接受。但是，當時的人應該認為這麼做比較好吧？」

「這大概是大家為了生存下去而自然創造出的智慧，但也帶來一個結果，就是那場讓國民痛苦不堪的戰爭，責任歸屬變得模糊不清，而那些因為自己的愚蠢而吃了敗仗的政客們也趁機迅速敗部復活，明明有很多士兵和平民因為他們所做的決定而死亡，但不作反省的軍人和政客也不在少數。」

為什麼歷史會不斷重演？

「原來如此。那麼韓國呢？韓國以前也是日本的殖民地吧？它們現在仍然仇視日本嗎？」

「小杏，你應該在學校學過，電視上也經常可以看到，日本在戰爭期間強迫朝鮮半島的人民做他們不願意做的工作，於是那些被迫工作的人和他們的遺屬，要求日本政府對於自己受到的惡劣待遇支付相應的賠償。直到現在，仍然有很多韓國人認為日本是可惡的國家、日本人是壞人。」

「雖然我覺得這件事的確是日本不好，但那是在我們出生之前就發生的事了，現在的我們被當成壞人，確實會覺得有點討厭。」

「是啊。我能理解，讓你們這一代受到指責很殘酷，真正應該被譴責的是當時的那一代人。至於賠償金的問題，日本政府在戰後不久就已經透過和韓國締結條約來解決了。而且恐怕就法律上來說，日本才是正確的。」

海賊先生扶著「Diplomat」，似乎正在思考接下來要說的話。

「然而，世界上也有許多人對韓國抱持同情的態度。越來越多人認為，根據事件的嚴重性，即使是某些國家政府之間已經解決的問題，仍然不應該具有時效。例如，你們認為非洲人對小杏所說的話會怎麼想呢？」

大樹和小杏一時語塞。

「對了！在之前的課程中也曾經說過，日本是世界上少數的加害者，而大多數國家則是曾被統治的殖民地。」

「沒錯。像日本這樣的國家宣稱自己『已經透過條約解決過去的爛攤子』，很難得到受害國家的諒解。今後，世界各國要求清算過去惡行的呼聲也許會越來越高也不一定。」

「那日本要一直給韓國錢嗎？這樣不是沒完沒了嗎？」

「我知道你們會有這種想法。但是**在很多情況下，過去負面的歷史都被認為是造成現在社會問題的原因**。因此，根本沒有『歷史上的惡行就只是個過去』這種事。美國的黑人歧視就是一個典型的例子。隨著抗議黑人歧視運動的盛行，人們對過去曾雇用奴隸的總統評價也隨之跌落，甚至還有人拆除他的銅像。而另一方面，也有不少加害者跳出來反駁『當時的時代背景與現在不同，用現今的常識來審判當時的人是不合情理的』、『舊事重提根本沒有意義』。」

「確實，根據當時的法律，奴隸制度並不是犯罪，因此似乎也會有人跳出來這樣反駁。」

「是啊。話雖如此，當時的黑人也是人，即使當時的世界認為奴隸是理所當然的，但奴隸制度有違人道的事實是不會改變的。最重要的是，對於現在依然受到歧視與不平等待遇的人來說，歷史就是造就目前現況的元凶，也就成為他們感到憤怒的對象。」

「那麼，如果種族歧視消失的話，就不會有人抗議了吧？」

「至少人們能夠更冷靜地看待黑人的歷史。只要現代仍然存在著歧視，歧視的歷史問題就沒有時效性可言。以日本和韓國來說，世界上與韓國一樣身為受害者的國家占多數，而日本則是少數派，因此即便日本在法律上的主張正確，也有可能無法得到世界上大部分國家的諒解。」

「原來是這樣。只關心自己國內事務的國家便無法理解其他國家人民的心情，說的就是這麼一回事。」

「根據每個時代的情況不同，人們對歷史的看法也會有所改變。我想你們應該已經很清楚，日本是大國，屬於強者的一方，因此如果對與外國之間的事有疑問，請別忘記暫時停下，站在不同的立場思考問題。」

「因為自己擁有的常識不等於全世界的常識，對吧？如果日本能好好解決和韓國之間的問題就好了。我很喜歡韓劇還有韓國偶像明星。」

「大家總說未來是全球化的社會，我們應該要好好思考國際事務才行。」

「沒錯。那麼今天就到此為止吧！下一次是第七次，也是我們最後一次上課。」

「課程結束後就是考試了吧？我現在已經開始緊張了。」

大樹站起身，直盯著桌上的「Diplomat」。

「海賊先生，你好像很了解戰爭的事情，你曾經經歷過戰爭嗎？」

海賊先生用指尖將「Diplomat」旋轉一圈，沉默了一會兒後，說：

「是啊，我年輕的時候當過兵，雖然已經相隔久遠，但我永遠無法忘記那段時間發生過的事。」

夏日豔陽照進店門口，海賊先生將視線投向那裡，瞇起雙眼，似乎想起了些什麼。

第6天的總結

- 美國得益於得天獨厚的地理條件而成為超級強國。
- 大國對其他國家不甚關心，所以有時會因無知而引發恐怖攻擊和戰爭。
- 像朝鮮半島一樣被大國包圍的土地容易捲入紛爭，很難維持獨立。
- 日本將戰敗視為天災，是為了積極復興國家而創造出的智慧，但也有負面的影響。
- 只要種族歧視等社會問題依然存在，相關的歷史問題就會繼續重演。

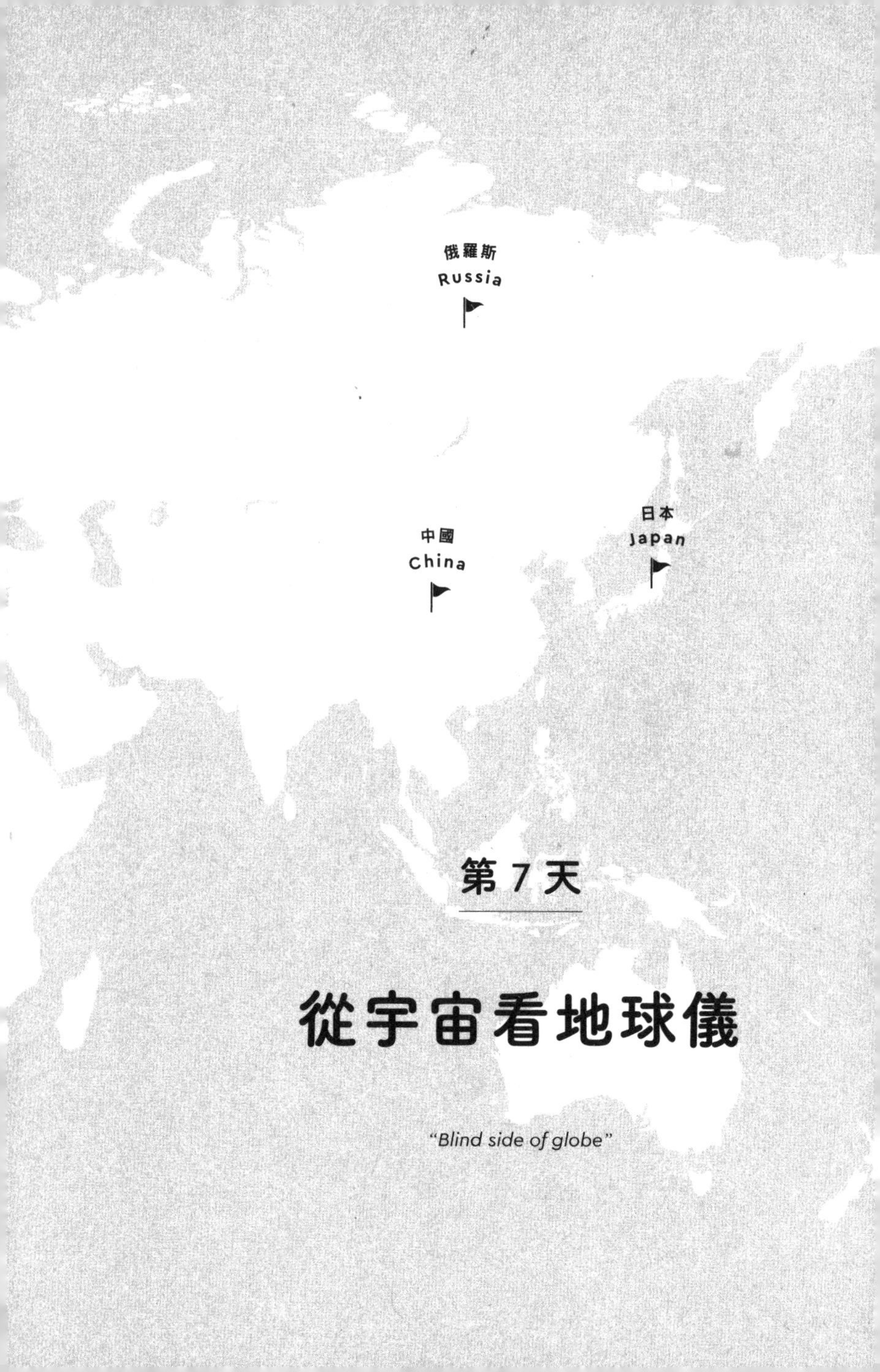

第 7 天

從宇宙看地球儀

"Blind side of globe"

格陵蘭
Greenland
加拿大
Canada
英國
UK
美國
USA

沒有夢想是不好的事嗎？

丟下半路上突然想去書店逛逛的小杏，大樹獨自沿著商店街前往海賊先生的古董店。

「你好。」

大樹走進店內，海賊先生正用雞毛撢子清理牆上的掛鐘。

「你好，上課時間已經到了嗎？」

「不好意思，我今天比較早到。小杏等一下就來了。」

「是嗎？是不是因為今天是最後一堂課的關係，所以有點心急？」

海賊先生對大樹微笑，並朝辦公室走去。

「那個，海賊先生。」

被叫住的海賊先生在桌前停下，回過頭來。

「第一堂課的時候，你不是說過要『訂定目標，著眼未來』嗎？」

「是啊。」

「我對未來沒有什麼夢想，雖然在學校很努力學習，但是不像小杏那樣有明確的目標。這樣是不好的事嗎？」

說著說著，大樹低下頭。海賊先生靜靜地聽完，問道：

「大樹你說的夢想，指的是未來的工作嗎？」

「對啊。」

「像小杏那樣在年輕時就有自己想從事的職業，並以此為目標，心無旁騖地向前邁進，這是很了不起的事。但是像你一樣還沒決定自己的未來也是很棒的。因為你可以在不同的領域學習，從不同的角度觀察世界。大樹，你現在讀的是明星高中吧？」

「是的。」

「世界上還有很多有趣的學校，你可以從這些選項中選擇升學的目標。即使大學畢業、進入職場，學習仍然會持續下去。高中生不知道未來想從事什麼職業是理所當然的。而且，比起預先知道未來會發生什麼事，有時候不知道還比較新奇、有趣。」

「是這樣嗎？」

「所謂的夢想不只有職業，你也可以想想，未來自己想成為怎麼樣的人？」

「怎麼樣的人嗎？」

大樹目不轉睛地看著眼前的「Diplomat」。

「你改變了呢。」海賊先生說。

「咦！我嗎？」

海賊先生突如其來的一句話，讓大樹猛然抬起頭。

「沒錯。你在這個夏天裡改變了很多。你已經可以開始自主思考世界上發生的事情背後有什麼原因了，也學會從各種不同的立場揣摩他人的感受。你能在短短的時間裡有這麼驚人的成長，我很佩服喔！」

叮鈴叮鈴——

「你好。」

大樹以為是小杏來了，回頭一看，被站在店門口的兩個男人嚇了一跳。

首先進入店裡的是一個臉上帶著溫和笑容的中年男子，後面則是一個戴著墨鏡的高大白人男子。雖然天氣很熱，但兩人都穿著黑色西裝。

「哇！真是令人懷念啊！」

海賊先生笑著張開雙臂。

「好久不見。」

兩位男子分別與海賊先生簡單寒暄後，回頭望向大樹。

「這位是您的孫子嗎？」

「不是，他是我的朋友。我跟他有約。」

「原來如此，那我們晚點再過來。」

「太好了，謝謝你們，等會兒見。」

兩人走出店外的同時，小杏剛好出現在門口。

「趕上了！你好。剛剛那兩個人是客人嗎？」

小杏上氣不接下氣，似乎是一路跑過來的。

「別在意。今天就是最後一次上課，你們能不能得到『Diplomat』就看最後的考試結果了。」

「好！」大樹挺直身體。

「我會加油的！」小杏也握緊拳頭。

地圖上最扭曲的大陸

海賊先生把桌上的單軸地球儀倒向一邊，並將底座朝向大樹和小杏。

「像這樣從正下方看地球儀可以看到什麼呢？」

「可以看到南極，在旁邊的是南美洲嗎？」

「哇，我還是第一次從這個角度看地球儀。南極真大！」

「更準確地說，這個地方應該是南極洲。雖然從地圖上看不清楚全貌，但南極洲的面積比歐洲或美國都大，是日本的三十倍以上。南極洲廣闊的陸地有九成以上覆蓋著厚厚的冰層，據說如果南極的冰全部融化，全球海平面將會上升六十公尺之多。因此，南極大陸對於地球環境來說非常重要。」

「人類可以到達南極大陸嗎？」

「可以。想去南極大陸，通常會從阿根廷或智利搭乘郵輪或飛機，雖然很寒冷也很辛苦，但一般人如果想去還是可以到達的。」

「海賊先生去過那裡嗎？」

「我還沒去過。我去過北極圈，但不清楚南極的情況。南極很少出現在學校課本的地圖上，即使地圖上畫著南極，形狀也扭曲得很厲害。不過實際上南極洲是有完整形狀的大陸的。」

「原來如此，我還以為南極只是一座冰山。南極就是企鵝住的地方吧？還是那是北極？」

「企鵝住在南極。一提到南極，就讓人聯想到冒著生命危險去探險的探險家。我還在書上讀過日本南極基地的故事。」

「日本南極基地？南極到底屬於哪個國家呀？我看地球儀上密密麻麻地寫了好多國家的名字。」

小杏指著南極洲上的國名。

「南極不屬於任何國家。不只日本，美國、澳洲、英國、法國、中國都在南極設有基地。雖然這是為了進行研究，但是毫無疑問地每個國家都想要在這塊大陸上分一杯羹，因為南極蘊藏著未來有機會開採的大量石油等自然資源。」

「既然有這些資源，肯定會引發衝突。」

「各國為了防範衝突而簽訂《南極條約》。這份條約在一九五〇年代制定，內容規定簽約國不能將南極視為任何國家的領土，也禁止在南極設立軍隊。實際上在制定這份條約之前，許多國家都主張自己擁有南極的一部分。」

「是因為南極擁有豐富的天然資源，所以大家都想要據為己有嗎？然後把石油高價販售出去，變成有錢人？」

「這也是原因之一。不過另一個重要的原因則是先前說過的領土問題。從位置上來看，控制這個大陸所能帶來的價值非常大。澳洲、南非、南美洲等國家都鄰近南極，如果在南極洲部署強大軍隊或導彈，就可以震懾這些南半球上的國家，因此一旦有人能控制南極，後果將不堪設想。」

「因為《南極條約》的關係，目前南極洲不屬於任何國家，但今後或許會發生變數吧？國家之間簽訂的條約和法律都不太可靠，對不對？」

「確實如此，即使有國家違背這份條約也不會受到懲罰。事實上，似乎已經有些國家在南極部署可供軍隊使用的設施，也有些國家為了獲得南極資源而展開資源調查。雖然現在的南極只是寒冷而平靜的土地，但如果有國家搶先出擊，這份條約的約束力將會一點一點地失效，隨之而來的則是土地爭奪戰，南極不屬於任何國家的共識也有可能因此被推翻。」

從南極看地球儀

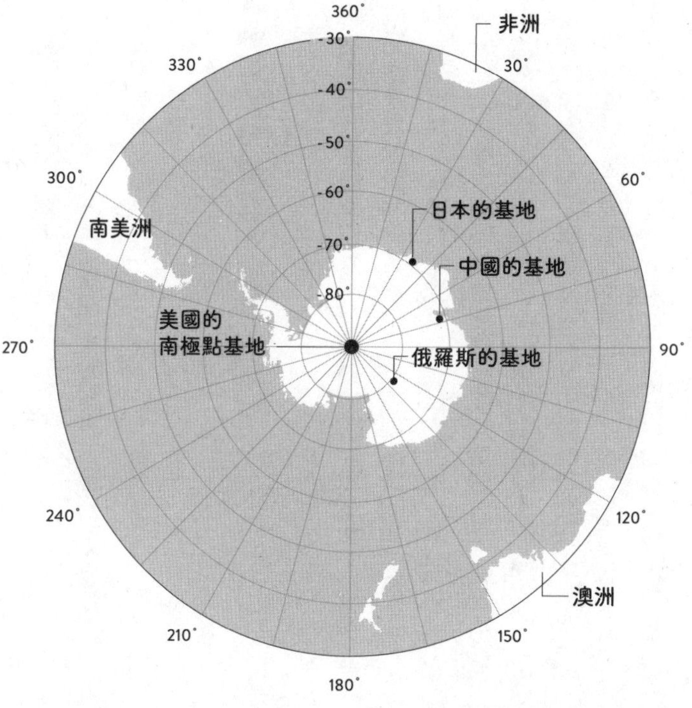

南極是世界第五大洲，百分之九十八的面積都被冰層覆蓋，不屬於任何一個國家，但有超過四十個國家在此設立基地。

大樹皺起眉頭，雙手抱胸。

「希望將來不會發生那種事。我在書上讀到南極基地時，還有點憧憬那些在艱苦環境下努力工作的研究員呢！」

人人都可能是間諜的國家

「沒錯。無論哪個國家都有許多優秀的研究員，但這類職業有時也潛藏著間諜。」

「間諜？我聽說間諜常常化身為各種職業的人。」

「各國出錢將研究員送到這片艱苦的土地上不只是為了學術研究，還包藏著各式各樣的目的。歐洲大國曾經派遣地理學家前往全球各地，以研究為目的對土地進行調查，調查的成果當然也被送到軍中，在攻打那片土地時發揮極大的作用。此外，學者和間諜的工作都需要搜集情報，因此有些學者其實可能就是間諜。」

「日本也做過這種事嗎？」

「日本在二戰之後就不再做這種危險的事，很多學者都只是單純地進行研究，不過有些國家認為，日本的研究必定也包含各種不為人知的目的。」

「哥，你上次借給我的那本書裡還有提到擔任新聞記者的間諜對吧？」

「哦！世界上確實有很多記者同時是間諜。記者的工作和學者一樣，能出入各種場所搜集情報，所以不容易被懷疑，很適合作為間諜檯面上的職業。」

「原來是這樣。前幾天我讀了一本書，裡面的間諜故事讓我很興奮。」

「間諜其實不是什麼令人興奮的工作。」

海賊先生摸著鬍子說。

大樹直盯著海賊先生，想看清楚他的真面目。但是，從他的表情卻什麼也看不出來。

「說到間諜，你們知道所有中國人都有可能成為間諜嗎？」

「咦！你是指中國給人這種印象嗎？這是偏見吧？」

小杏皺起眉頭。

「不是那個意思，而是中國存在著這樣的法律。本來中國只需要運轉國內經濟就足夠了，幾乎不需要依靠外面的世界。但是中國現在需要全世界的資源，生產出的東西也必須有地方可以銷售。**中國在四千年的歷史中，不曾像現在一樣必須跟外國打交道。所以它雖然走向世界，卻不習慣與其他國家和睦相處，和很多國家發生衝突。**而造成衝突的原因之一，就是因為中國法律規定所有中國人無論在世界上任何地方都必須協助政府，就像間諜一樣。」

「我們班上就有一個中國同學，他也有可能變成間諜嗎？」

「沒錯，只要中國政府要求，他就不得不成為竊取我們情報的間諜。」

「因為是國家法律規定，如果他拒絕協助，是不是就會被政府逮捕？」

「拒絕中國政府命令本身就很困難。即使是身在日本的中國人，大多數的親戚也都還在中國吧？政府可能會威脅他們：『如果不服從，你的家人就會有麻煩。』」

「如果真的發生這種事，其他不相干的中國人也會受到歧視吧？一旦被認為『這傢伙也是間諜』，中國人就很難在國外工作不是嗎？」

「確實是如此，而且中國在世界上的形象也會惡化。在科學技術的領域，沒有人想和可能是政府間諜的人一起做重要研究。由於中國自我為政、對國際社會抱有戒心，以至於沒有餘力在意世界的看法。我也有很多中國朋友，這樣的情況真令人悲傷。」

海賊先生低頭看著地球儀。

「即便如此，講到世界話題時，還是會不知不覺提到中國。」

小杏嘆了一口氣。

「是啊，中國就是這麼有存在感的國家。中國正在走向世界，與南北極等嚴酷的土地也不無關係。例如北極旁邊的格陵蘭島。」

海賊先生指著地球儀上一個雪白的島嶼。

「咦！這裡不是北極的一部分，而是一個島呀！上面寫著格陵蘭（丹麥）。」

「我記得格陵蘭島是世界上最大的島對吧？雖然它的英文名字「Greenland」聽起來綠意盎然，感覺是個溫暖的地方，但實際上卻是被冰覆蓋的島嶼，真是不可思議。」

「那裡有人居住嗎？」

「有，人口只有五萬左右。雖然它的面積比日本大六倍，但人口卻只有日本的兩千分之一，有八成面積被冰雪覆蓋，環境十分嚴峻，但是最近卻成為很多國家想爭奪的土地。」

「其中之一就是中國，對嗎？不過，中國和格陵蘭的距離雖然不到世界兩端的程度，但也太遠了吧？」

「中國是為了資源嗎？還是為了保護自己的國家？」

「兩者都是。中國為了讓自己的十四億人民過上富裕的生活，舉凡天然氣、石油等資源，不管多少都想要據為己有。因此他們不惜花費大量金錢，試圖控制擁有天然資源的北極圈和格陵蘭島。然而，美國和俄羅斯也都想擴大自己在這一帶的領土，因此中國大概也會想和他們對抗。」

海賊先生說完喝了一口茶。

天下沒有白拿的情報

「我想你們也知道，南極和北極正面臨全球暖化的大問題。」

「就像海賊先生剛剛說過的，南極的冰因為全球暖化而正在融化對吧？」

「不過，聽說全球暖化好像是個謊言，南極的冰層反而在增加。」

海賊先生輕輕點頭後，說：

「目前有各式各樣關於全球暖化的研究。姑且不論理由，地球氣溫正在逐漸上升確實是事實。然而就像小杏說的，也有一種說法認為，從整個南極來看冰層反而持續增加中。全球暖化提高了海水的溫度，因而產生大量的水蒸氣流向南極大陸，由於南極大陸十分寒冷，因此水蒸氣會以雪的型態落下並堆積成冰。」

「原來如此。所以溫室效應也有可能導致冰層增加。」

「不過另一方面，也有一部分大型冰川的冰塊融化而流向海洋。回顧地球的歷史，大約在三百萬年前，南極東部的大冰河崩塌並開始融入大海，全世界的海平面因此上升好幾公尺。有人預測類似的事情將在未來幾百年後發生，包括東京在內的許多城市都將沉入大海。」

「咦！那我看到的是假新聞嗎？」

「小杏，你是怎麼得知這個資訊的？」

「是偶然在手機上看到的報導。」

「關心環境問題是好事，不過最好還是多留意網路資訊的正確性比較好。」

海賊先生的表情轉為嚴肅。

「查詢資料時一定要檢查一下來源是不是值得信賴的網站。如果使用得當，可以從網路中找到許多方便的資訊，但往往也充斥著數量驚人的謊言。很多時候，散布虛假的資訊是為了阻止人們了解真相。**現在的網路世界，就像是將餐廳的高級料理和表面完好但其實摻有毒藥的食物全擺在一起。從網路上取得免費的資訊，就像吃進從地上撿來的食物一樣存在著風險。**多花一點錢、閱讀一些值得信賴的媒體發布的報導，還是比較安全。」

「我明白了。大家都說網路上有很多假訊息，我也差點就成為散布謠言的人了。」

「俗話說天下沒有白吃的午餐，小杏可以跟我一樣多讀讀報紙。」大樹說道。

「哼！你只是想炫耀自己會看報紙吧？但是機會難得，我也在暑假裡挑戰看看讀報紙好了。」

全球暖化下的地球儀會變成什麼樣子？

「說到全球暖化，除了南極之外也經常聽到北極的情況，對吧？聽說如果北極的冰層全都融化，住在那裡的北極熊就會溺水而死。」

「原來如此。南極是大陸，而北極則是冰塊。」

「沒錯，所以這一帶稱為北極海。從上方看地球儀就能看出，北極海被俄羅斯、加拿大和美國包圍。最近的研究發現冰層正在快速融化。」

「因為地球正在變溫暖的關係對嗎？」

「是啊，正是因為這樣。也有研究人員表示每年都有相當於日本面積五分之一的冰層消失。據說，一百年後北極海冰層在夏天時消失的可能性非常高。」

大樹站起身，從上方看著地球儀。

「所以在未來的地球儀上，這一區可能不再是白色，而會變成藍色也說不定。」

「如果真的變成那樣，除了環境和動物問題之外，世界上還會發生什麼事？」

小杏也起身站在大樹身旁，指著地球儀的正上方。

「如果地球儀上方白色的冰層全部消失，我們就能坐船通過北極海了。」

「那麼俄羅斯和加拿大就能乘船往返了吧？從地球儀的正上方看來，這兩個國家距離很近。」

「很好的觀點。如果北極海上可以航行，歐洲、北美洲和亞洲的交通距離就變近了。亞洲城市與紐約之間的許多飛行航線也會經過北極海上空，從地球儀上可以清楚看見，這條路線比穿過太平洋的路線要短得多。如果這條路線可以變成航道，從亞洲前往歐洲或美洲的船舶就會選擇通過北極海的路線，而不是沿著太平洋或是向南航行的路線。」

海賊先生一邊說明，一邊用手比劃著從亞洲經過北極海前往歐洲的路線。

「所以如果一百年後冰層融化，我們就可以搭船通過北極了。」

大樹咚地一聲坐回椅子上。

穿越北極海的航道比現有航線要短得多

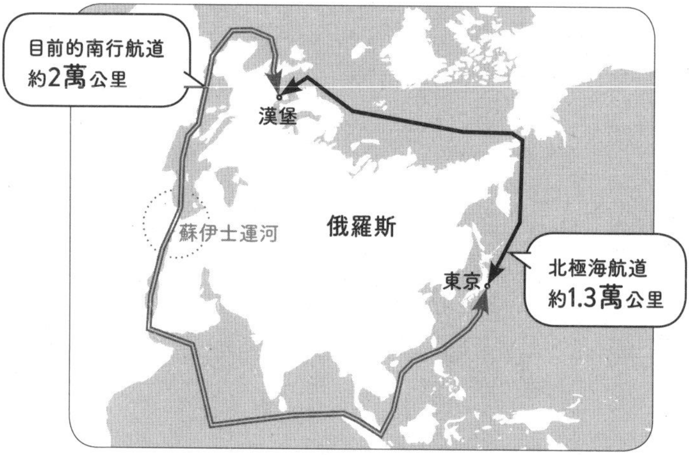

「其實這件事沒有那麼遙不可及。北極有一些地方的冰層已經開始融化，而且夏天時從亞洲到歐洲的航道也已經啟用了。」

海賊先生的手指從太平洋劃向白令海和北極海。

「你說的航線是這裡嗎？北極和俄羅斯之間這一條細長的海。」

「沒錯。順道一提，俄羅斯位於北極附近的領土埋藏著許多天然資源，以前因為氣候寒冷而無法挖掘並輸出石油與天然氣。不過，現在的氣候比從前稍微暖和了一點，還可以搭船往來，因此在某些地方已經開始挖掘石油了。」

「那麼對俄羅斯人來說，全球暖化

不完全是壞事吧？」

「或許吧。在過度寒冷的俄羅斯，也有人認為暖化是正面的事情，因為這麼一來俄羅斯就能更輕易地挖掘自己的資源，也能拓展更多可能性。」

「原來大家對溫室效應的看法也會因為立場不同而改變。」大樹說。

海賊先生喝著茶，沉默地點點頭。

世界的中心在哪裡？

「因為南極在南方，我小時候還以為那裡是很熱的地方。」

「什麼啊！還真像是小杏會說的話。不過南極的地名裡明明有「南」字，卻那麼寒冷，確實會讓人覺得不可思議呢！」大樹笑著說。

「日本所在的地區，在世界上又稱為『遠東』地區。你們不覺得這也很不可思議嗎？」

「為什麼叫遠東？」

「我偶爾也會在報紙上看到這個說法。遠東就是指東方的盡頭吧？那麼日本為什麼會叫作遠東呢？」

小杏轉動單軸地球儀，說：

「嗯……因為地球是圓的，所以大家不知道東方的盡頭在哪裡吧？」

「你是指從歐洲的角度來看嗎？」

「沒錯。你們看這個。」說完，海賊先生從堆在桌邊的書本和文件裡拿出一張地圖。

「這是我以前在英國拿到的地圖。」

大樹和小杏在海賊先生攤開的地圖上尋找日本。

「哇！英國和歐洲果然在中間，日本在最右邊，而且被畫得很小。」

「從這張地圖看來，日本確實是位於東邊盡頭的一個小島國。」

「沒錯。不過從日本的角度來看，在太平洋對岸東方盡頭的國家卻是美國。」

「美國好像不會給人東方盡頭的印象。」

「嗯，就算看了以日本為中心的地圖，也想不到美國會是最東邊的國家對吧。」

「這是因為，**日本人在不知不覺之中已經習慣以歐洲為中心來觀察世界**。把世界的中心點放在某個地方，雖然更方便也更容易表現世界的樣貌，但從字面上的意象思考，就會

歐洲地區使用的地圖

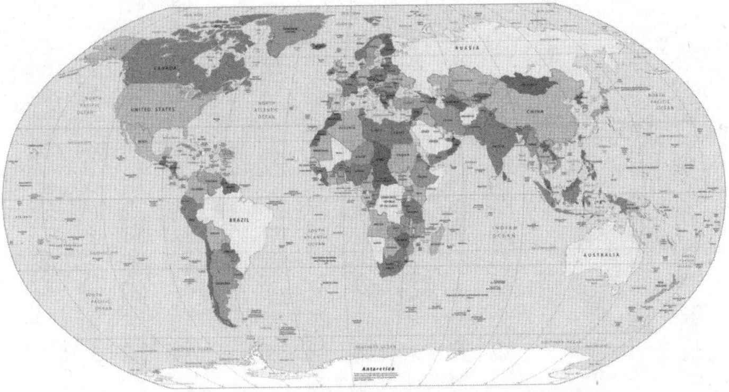

日本位在地圖最東邊，因此又稱為遠東地區

明顯發現世界中心的價值顯然比邊緣地區來得更高。」

「嗯……比起位居邊緣，我應該更想當大家的中心。」

「中國就對『我們國家才是世界中心』的想法毫不掩飾。『中』這個字本身就有世界中心的意思。」

「真有氣勢！」

「追根究柢，這其實就是力量強大的國家想把特定觀點強加於世界。歐洲在十八世紀到二十世紀初十分強盛，是世界的中心，日本屬於遠東地區的觀點也因此廣泛傳播。」

「大家現在還是這麼認為嗎？」

「那麼美國現在是世界最強的國家，

所以美國是世界的中心嗎？」

「世界上很多人都是這麼想的。美國總統是對世界未來走向擁有最大決定權的人，而美國的國會議員是制定美國法律的人，他們都住在美國首都華盛頓。在他們看來，日本的首都東京雖然是個大城市，但那也不過只是個遙遠的鄉村罷了。在他們的地圖上，日本只是處於邊緣地區的國家。」

「日本對歐洲和美國來說都只是邊緣地帶的國家啊。這對日本來說是壞事嗎？」

「中心國家的忽視也可能帶來負面的影響。你們知道北韓嗎？」

「嗯，是曾經往日本的方向發射導彈的國家吧？」

「沒錯。與日本隔著日本海相鄰的北韓正在製造核導彈，試圖威脅日本和周圍的國家。日本需要美國的力量來應對這些問題，但大部分美國人並不太關心北韓。」

「在日本確實常常看到北韓導彈的新聞，但住在遠方國家的人似乎就認為這與他們的生活無關呢。」

「沒錯。美國領導人長期以來最關心的問題，就是對歐洲和美國都具有威脅性的俄羅斯。但是，最近大家也開始關注某個亞洲國家。」

「是中國吧？之前我們曾提過南海問題。」

「這幾堂課裡我們談論世界各地的話題時，中國都會不斷出現呢！」

「沒錯。中國雖然距離美國很遙遠，卻威脅到了美國的地位，因此影響了美國人的生活。自第二次世界大戰和越南戰爭以來，美國國民還是第一次如此關注亞洲的問題。為了與中國抗衡而和美國交好的日本也因此受到關注。」

「能不能得到世界的關注，也關係到日本的安全對吧？」

「是啊，畢竟力量最強的人居住的地方跟負責重要決策的人所住地方會被視為世界中心，而強者的想法和語言也會成為世界標準，除此之外的語言都會被當作鄉下的方言。越靠近這股力量，就越有價值。」

宇宙的地緣政治學

「目前為止我們都一直近距離觀察地球儀，要不要試著離遠一點看看呢？」

海賊先生起身朝店裡另一側走去，大樹和小杏也趕緊跟上。

「如果可以把地球儀點亮，再把房間燈光調暗，就會像是從宇宙看地球一樣耶！」

「哦！真是個好主意。我們一起來趟宇宙旅行吧！」

海賊先生拉上古董店的鐵捲門，並關上店內的燈，然後從辦公室拿出一支手電筒。

他打開手電筒，桌上的地球儀在光線照射下從黑暗中浮現。

「這樣看地球儀真有趣。聽說從宇宙看到的地球似乎也是這樣，一邊發光一邊慢慢轉動。」

「宇宙旅行在未來是不是可以實現呢？」

「沒錯，小杏和大樹說不定都可以踏上宇宙之旅。在不久的將來，應該會有更多人能體驗宇宙旅行吧？而且宇宙也會更加貼近我們的生活。在未來，可能許多公司都會設置『宇宙部門』，專門負責宇宙相關工作。」

「是指宇宙開發嗎？聽起來好有趣。像這樣從宇宙眺望地球一定很感動吧？」

「是啊，如果可以像這樣從太空船上眺望地球，我們的想法也會因此改變吧？」

海賊先生目不轉睛地看著地球儀，自言自語道。

大樹思考片刻，回答：

「我記得有一部電影的劇情是地球人因為遭到外星人攻擊而團結起來。如果大家都能從宇宙的角度來思考世界的問題，也許就能不受國籍局限，而是用身為『地球人』的意識為出發點。」

「你說的應該是美國電影《ＩＤ４》吧？講述的是人類為了對抗強大的外星人而團結一致的故事。」

「對！就是那部電影。不過，如果沒有出現電影裡那樣的敵人，也許我們就無法團結，相反地，說不定各國接下來還會以宇宙為舞台開始搶奪領地？」

「沒錯，爭奪的戰場或許會轉移到宇宙。美國、俄羅斯、中國等國家已經將許多軍事用的人造衛星發射到地球周圍，圍繞著宇宙展開爭奪。隨著宇宙開發的推進，今後人們將整個地球視為一體的機會將會增加。不過未來是否能和平，最終還是取決於人類。」

「如果可以從宇宙看到閃閃發光的地球，國籍、領地什麼的，或許都無所謂了。」

小杏靠著一旁桌子，目光沒有離開過地球儀。

「也許小杏說的可以成真。不，要是真的成真就好了。我想，如果能跳脫平時思考事物的格局，世界或許可以變得更美好。」

「真想去宇宙旅行看看！南極、北極，還有其他國家，我有好多地方想去！」

「小杏真是好奇心旺盛啊！」

大樹呵呵地笑著。

「這點我也要好好向你學習。」

「保持好奇心可以說是成功的祕訣。乍看之下與自己無關的事物，即便不會出現在學校的考題中，獲得新知本身就是一件讓人快樂的事，而正因為快樂，人們才會想知道更多。如果能鑽研新知並學以致用，或許成功就在前方等待著你。」

海賊先生放下手電筒，打開店內的燈，轉向兩人。

「第一個抵達地球最南端──南極點的探險家阿蒙森曾說過，五分鐘的成功，需要十年的準備。這句話的意思是，看似短暫的成果其實必須經過許多時間的累積。如果把人的一生比喻為一場冒險，你們現在還處於準備期，通往成功的道路還很漫長。在這段時間裡，若能懷著好奇心快樂地向前邁進，那麼無論等待著你們的終點為何，相信你們都會感到幸福的。」

「我們知道了。」

大樹和小杏看著海賊先生回答道。

「而且，雖然新聞裡經常出現各式各樣的壞消息，但世界卻是變得越來越好的。我已經活到這把年紀了，說這句話應該很有說服力。人類是比自己想像中更堅強的生物，今後的世界也會越來越好的。祝你們好運。」

海賊先生微笑說道。

「那麼，請你們再坐一下。」

大樹感覺到自己的心臟撲通撲通地跳著。

最終的考試終於來到。這場考試決定了兩人是否能得到「Diplomat」地球儀。

小杏也和大樹一樣，一臉緊張的樣子，既不說話也不吵鬧，只是默默地坐下。

「最後，請你們告訴我。」

海賊先生在兩人面前分別放了一張白紙和一支原子筆。

「對你們來說，世界的中心在哪裡？」

第7天的總結

- 長時間自我為政的中國，不習慣與外國打交道，因而在世界上引發許多衝突。
- 免費的網路資訊中有不少假資料，很難確認可信度。
- 全球暖化有助於自然資源的開發，有些國家對此抱持正面的態度。
- 歷史上，強大的國家總是強迫其他國家接受以強國為世界中心的世界觀。

尾聲

與海賊先生同行的地球儀航行

Global voyage ahead of you

新學期的前一天，大樹和小杏並肩走在前往古董店的路上。

「『對你們來說，世界的中心在哪裡？』最後一天那道問題很符合海賊先生的風格。」

「哥哥，你對自己的答案有信心嗎？」

「我不知道。我想了很久才寫出答案，但還是不太確定正不正確。不過，我想除此之外沒有其他答案了。」

「嗯，我也是。」

「小杏，如果我們兩個人都通過考試的話，『Diplomat』就給你吧！」

「咦，為什麼？」小杏突然停下腳步，回頭望向大樹。

「你已經找到自己的夢想，也正為了夢想努力學習。如果『Diplomat』能幫助你實現未來的夢想，那麼送給你比較好。」

「可是哥哥之前明明那麼想要那個地球儀。」

「沒關係啦！我從海賊先生的身上學到很多重要的事情，就算得不到『Diplomat』也沒關係，我只要再去海賊先生的古董店聽他說各式各樣的故事就好了。」

「咦！哥哥，你看！」

小杏打斷大樹的話，指向兩人在今年夏天去過好幾次的古董店。與以往不同的是，今天店外的鐵捲門拉下了。

兩人跑到鐵捲門前。

「店門沒開。公布考試結果的日子是今天沒錯吧？」

「嗯，沒錯。海賊先生是不是不想把『Diplomat』送給我們了？」

「就算是那樣，他也不會逃跑吧？海賊先生不是那種人。」

「那麼是發生什麼事了？他年紀也很大了……你在嗎？海賊先生！」

正當小杏準備敲門時，突然聽到車門打開的聲音。大樹回頭望向聲音的來處。有個戴著墨鏡、身穿西裝的外國男子，雙手抱著大紙箱走下車。

「啊！是那個時候出現的人！」

大樹注意到，那個人就是考試當天前來拜訪海賊先生的其中一人。男子微微一笑，對大樹說：

「I was instructed to give you this.（有人交代我要把這個交給你們。）」

大樹還搞不清楚情況，就接下對方遞來的紙箱。

「哇！好重！」

「哥哥，那是什麼？」

「等……等一下，我先放下箱子。」

大樹盡可能把箱子輕放在地上，小杏急忙和他一起打開紙箱。

箱子裡放的是大樹和小杏一直嚮往的「Diplomat」，小心翼翼地用緩衝材料包裹著。

「果然沒錯，是『Diplomat』！那麼，海賊先生在哪裡？」

大樹抬頭一看，將紙箱交給他的男人已經開車揚長而去。

「裡面有一封信。」小杏伸手拿出夾在箱內縫隙裡的信封。

大樹搶過信，拆開信封。裡面有一張信紙和兩人的答案卷。

「上面寫了什麼？」小杏踮起腳尖想看內容，大樹讀起信：

給大樹和小杏：

我想你們讀到這封信的時候，已經收到地球儀了。我在國外還有事情要處理，因此突然離開日本。

很抱歉無法一一跟你們道別。

你們的回答都十分出色，我實在選不出誰的答案比較優秀。

「啊！你看這張考卷，上面有海賊先生的評語。」

小杏遞來的是大樹的答案卷，上面氣勢十足的用毛筆畫了一個代表正確的大紅圈。大樹的回答是這樣的：

「地球的中心並不存在。因為地球是圓的，而且不斷轉動。如果硬是尋找世界中心，就會限縮自己的視野。我希望自己可以從各種角度觀察事物，並且採取從遠處靜靜眺望地球儀般的廣闊視角來看待世界。」

對此，海賊先生寫道：

「很棒的回答。就如同你在短時間內茁壯成長一般，世界也每天都在變化。如果你能擁有深厚的知識，並且從各個角度思考問題，那麼無論你今後選擇什麼樣的道路，都會有美好的未來等著你。」

「我也要看哥哥的。」

大樹和小杏交換彼此的答案卷。小杏的回答是：

「對我來說，世界的中心就是我自己。就像我的中心是自己一樣，世界上每個人所站的位置就是屬於他的中心。如果大家都別忘記，自己所看到的世界與他人看到的世界是不同的，或許世界就會和平了。」

對此，海賊先生也寫下評語：

「寫得很好。能為他人設身處地思考的你，今後應該也會受到許多人歡迎。當你為他人著想時，別人也會幫助你的。我希望今後圍繞著你的世界一切和平。」

「原來海賊先生覺得我們兩個的答案都是正確解答！信上還寫了什麼？」

聽到小杏的問題，大樹再次低頭看向那封信。

與你們隔著地球儀談話的時光非常快樂。我從你們的意見和問題中學到很多東西，真的非常感謝你們。

也許你們會覺得很奇怪，為什麼我要幫你們兩個人上課，所以請讓我告訴你們一些我的往事。

我出生在美國的日裔移民家庭。你們可能在歷史課本上學過，太平洋戰爭爆發後，我們這些日裔移民被美國人當成敵人，不只家園被奪走，還被送進集中營。作為美國公民的我，為了表現對國家的忠誠而自願從軍，但是我的父母卻受到惡劣的對待，最終因病離世。

戰爭結束後，我也因為打仗時受的傷而生了病。當時的我十分絕望，對這個世界充滿憤怒，甚至想尋死。就在這時，有個人出現在我的面前，他不僅鼓勵我，還告訴我世界上各式各樣的事情，而這個地球儀就是那位恩師送給我的。

後來我戰勝了病魔，但一隻眼睛卻失去視力。不過多虧那位恩師，我才得以對世間的事物有所了解。在此之前，儘管我雙眼健全也只看到自己想看的事物，根本不願去看世界的真實面貌。

後來我開了一間貿易公司，業務遍及世界各地。公司步入正軌時，我再次見到這位恩師，告訴他：『我想報答您的恩情。』

結果他對我說：「笨蛋！所謂的報恩，並不是直接將恩情還給為自己付出過的人，而是要透過為他人付出的比自己得到的更多來報答對方。」從那之後，這句話就一直在我的腦海中揮之不去。在之後的人生，我一直盡己所能不斷探索自己能做些什麼。

只是到了這個年紀，回顧人生時還是會強烈地感受到報恩還沒結束。我想起恩師一邊溫柔地撫摸這個地球儀，一邊跟我說話的樣子，而將地球儀放進櫥窗的那一天，你們就出現在我的面前了。

看著被地球儀吸引的你們，我感受到命運的力量，因此希望你們可以和我一起用這個地球儀來報答恩情。

我在這段時間裡所說的話並不全都是對的，而且，其實沒有人說的話是完全正確的。

你們也知道，這個地球儀的歷史相當悠久，所以可能對你們的課業沒什麼幫助。但是世界正在變化，沒有事物會永恆不變，這個地球儀也許可以成為提醒你們這點的契機。

然後，就像我們上課時那樣，轉動這個地球儀，從各個角度觀察它吧！地球始終不停轉動，希望今後在名為「世界」的廣闊海洋上展開航行的你們，旅途安全、收穫豐碩。

海賊

兩人盯著信沉默了好一會兒。大樹率先開口：

「他一直到最後都很帥氣。」

「是啊。不過我還是想好好向海賊先生道謝。」

「我有預感，我們總有一天會再見面的。」

「雖然我們兩人都通過考試了，但最後還是沒搞清楚海賊先生為什麼對世界那麼熟悉，就連他的本名、年齡、聯絡方式都不知道。難道他真的是間諜嗎？」

「間諜也好，外交官也好，公司老闆也好，不管海賊先生的真實身分是什麼都無所謂。我想變成像他那樣的大人。我想去看看世界，遇見各式各樣的人，了解更多事物。我認為這就是對海賊先生的報恩。」

「好棒！那這個地球儀還是應該由哥哥收下才對。」

「可是這個地球儀不是要拿來當小杏的留學基金嗎？」

「我查了一下，學校好像有獎學金制度。我會努力念書，也會說服爸媽。而且那個地球儀不夠可愛，不適合我的房間，還是放在哥哥的房間吧！我可以偶爾去看看嗎？」

「當然，隨時都可以來看。我可以順便教你功課。」

「謝謝。對了，我們兩個人一起練習英文會話吧！看誰先學好英文。」

大樹和小杏合力搬著紙箱，在微微西沉的夕陽中朝家的方向走去。

地球觀 76

學校沒教，但一定要懂的地緣政治課

從地球儀開始的國際大局觀

作　　者　田中孝幸
譯　　者　陳聖傑

野人文化股份有限公司
社　　長　張瑩瑩
總 編 輯　蔡麗真
主　　編　徐子涵
責任編輯　余文馨
校　　對　魏秋綢
行銷企劃經理　林麗紅
行銷企劃　蔡逸萱、李映柔
封面設計　萬勝安
內頁排版　洪素貞

出　　版　野人文化股份有限公司
發　　行　遠足文化事業股份有限公司(讀書共和國出版集團)
地址：231 新北市新店區民權路 108-2 號 9 樓
電話：（02）2218-1417　傳真：（02）8667-1065
電子信箱：service@bookrep.com.tw
網址：www.bookrep.com.tw
郵撥帳號：19504465 遠足文化事業股份有限公司
客服專線：0800-221-029
法律顧問　華洋法律事務所　蘇文生律師
印　　製　博客斯彩藝有限公司
初版首刷　2022 年 11 月
初版六刷　2023 年 08 月

ISBN：978-986-384-785-4 (平裝)
ISBN：978-986-384-790-8 (EPUB)
ISBN：978-986-384-789-2 (PDF)

國家圖書館出版品預行編目（CIP）資料

學校沒教，但一定要懂的地緣政治課：從地球儀開始的國際大局觀 / 田中孝幸作；陳聖傑譯. -- 初版. -- 新北市：野人文化股份有限公司出版：遠足文化事業股份有限公司發行，2022.11
面；　公分. -- (地球觀；76)
譯自：13 歳からの地政学：カイゾクとの地球儀航海
ISBN 978-986-384-785-4(平裝)
1.CST: 地緣政治

571.15　　111014582